burda

Nudeln

Leckere Gerichte
für Schlemmer und Genießer

Pawlak

INHALT

Eins steht fest: Alle Nudeln gehören in die große Familie der Teigwaren. Aber das ist eine sehr bunt gemischte Gesellschaft, die im Laufe der Jahrhunderte vielerlei Gestalten angenommen hat.
Zuerst einmal sollten wir nach der Urheimat fragen. Denn diese liegt keineswegs – wie so oft angenommen wird – in Italien. ,,Erfunden" wurden die Nudeln in China, der genaue Zeitpunkt allerdings läßt sich bis heute nicht bestimmen. Man kann aber mit Sicherheit annehmen, daß der venezianische Kaufmann Marco Polo im 13. Jahrhundert das Geheimnis ihrer Herstellung von Asien nach Europa brachte.
In Italien werden ,,Pasta" seit über 200 Jahren sogar schon industriell hergestellt – und dennoch bereiten italienische Hausfrauen den Nudelteig in unzähligen Varianten täglich frisch zu.

Nudel ist nicht gleich Nudel

In unserem Land hatte es die Nudel nicht leicht, anerkannt zu werden. Selbst heute gibt es noch ein Nord-Süd-Gefälle, obwohl Nudeln auch bei uns schon seit 300 Jahren bekannt sind und seit 150 Jahren von der Industrie angeboten werden.

Über 80 Prozent aller gekauften Nudeln werden südlich der Mainlinie gegessen, vorwiegend in Baden-Württemberg – und dort werden außerdem auch noch die meisten Nudeln selber hergestellt! Während man südlich des Mains eigene Rezepte für Nudelteige entwickelt hat (man denke nur an Spätzle oder Knöpfle), betrachtet man im Norden Nudeln in erster Linie als Suppeneinlage.

Dabei sind Nudeln viel mehr als nur eine Beilage. Man kann sie, von der Vielzahl der Sorten einmal ganz abgesehen, auf unzählige Arten zubereiten. Sie werden in diesem Buch zwar nicht alle Möglichkeiten finden, aber doch eine breite Palette. Und da Italien die besten Nudelrezepte entwickelt hat, haben wir eine große Anzahl von Gerichten aus diesem Land berücksichtigt.

„Pasta", also Teigwaren, sind für Italiener ein großer, vieles umspannender Begriff – doch wichtig ist vor allem, daß die „Pasta" so behandelt wird, wie es ihrer würdig ist, d. h. die Gäste müssen auf die Pasta warten – nicht umgekehrt! Denn nur ganz frisch gekochte Nudeln haben den berühmten „Biß", den auch wir inzwischen schätzen. Eine italienische Hausfrau gibt deshalb ihre Pasta grundsätzlich erst dann ins Wasser, wenn alle Gäste anwesend sind. Bis die heißen, dampfenden Spaghetti oder Fettuccine auf dem Tisch stehen, vertreibt man sich die Zeit mit einem Apéritif oder Vorspeisenhäppchen.

Auch bei uns sind die Zeiten der pappig-weichen, zerkochten Teigwaren vorbei. Darum haben wir bei den Rezepten die Kochzeiten angegeben, in der die Nudeln so weit garen, bis sie „al dente", also beißfest, sind – im Inneren noch ein ganz klein wenig fest. Wer das allerdings nicht mag – und das ist bei Kindern oft der Fall – verlängert die angegebene Garzeit um ein Fünftel.

Nudeln brauchen, um gut zu gelingen, viel Wasser. Für 250 g rechnet man ca. 2 Liter. Und – ganz wichtig – für „Pasta", die sofort auf den Tisch kommen, den Schuß Öl im Kochwasser nicht vergessen! Öl verhindert, daß die Nudeln zusammenkleben. Es dürfen auch nur solche Nudeln nach dem Abgießen warm oder kalt abgeschreckt werden, die man später zu Salaten, Aufläufen und ähnlichem verwendet. Bei frischen, selbst hergestellten Nudeln sollte man immer darauf verzichten, da durch das Abschrecken der Geschmack beeinträchtigt wird.

Nudeln nach Hausfrauenart

Der beste Grundteig, selbst gemacht ★ Variationen und leckere Gerichte ★ Nudelsoßen für Liebhaber

Eiernudeln hausgemacht:

Eier, Salz und Wasser in die Mehlmulde gießen ● Nach und nach das Mehl hineinrühren ● Den kräftig gekneteten Teig in Portionen schneiden ● Portionsweise auf einem bemehlten Tuch ausrollen ● Nach dem Trocknen aufrollen und in Streifen schneiden.

Grundrezept siehe Seite 10

Eiernudeln hausgemacht

(Grundrezept)

4 Portionen à ca. 2300 kJ (550 kcal)

500 g feines Weizenmehl, 4 mittelgroße Eier (Klasse 3), 6 Eßl. Wasser, 1 Teel. Salz, Mehl zum Ausrollen.

(Fotos Seite 8/9)

Das Mehl auf die Arbeitsfläche geben und in die Mitte eine Vertiefung drücken. Die Eier mit Salz und Wasser verrühren und in die Mehlmulde gießen. Mit einer Gabel nach und nach Mehl in die Eimischung rühren. Den Teig dann mit bemehlten Händen kräftig kneten und schlagen, bis er ganz glatt ist und beim Durchschneiden winzige Löcher hat.
Den Teig in sechs gleich große Teile schneiden und einzeln verarbeiten. Fünf Teile unter eine umgekehrte Schüssel legen, damit sie nicht austrocknen können. Nach und nach die einzelnen Teile auf der dünn bemehlten Arbeitsfläche messerrükkendünn ausrollen und auf einem sauberen Küchentuch 2 bis 3 Stunden trocknen lassen.
Nach dem Trocknen in der gleichen Reihenfolge weiterarbeiten. Jedes Teigstück in zwei Hälften schneiden und diese übereinander legen. Dann von der Längsseite her aufrollen und in beliebig breite Streifen schneiden. Als Suppeneinlage etwa 2 bis 3 mm, als Beilage 4 bis 5 mm breit.
Die Streifen auseinanderlegen und ausgebreitet über Nacht trocknen lassen. In reichlich Salzwasser oder Bouillon garen. Die Garzeit ist etwas kürzer als bei fertig gekauften Nudeln. Daher nach etwa 10 Minuten eine Garprobe machen.

Variationen:

Wenn die Nudeln als Beilage gereicht werden, kann man sie mit einfachen Mitteln färben und auch geschmacklich verbessern.
Die Nudeln werden besonders gelb, wenn man 1 Msp. Safran dazu gibt oder 1 Ei durch 2 Eigelb ersetzt.
Grüne Nudeln bekommt man, wenn man das Wasser durch frisch gepreßten Spinatsaft ersetzt. Dafür etwa 150 g Spinat im Entsafter verarbeiten. Man kann auch Petersiliensaft oder frische, gehackte Petersilie an den Teig geben. Das gibt einen besonders pikanten Geschmack.
Rote Nudeln erhält man, wenn man 5 Eßl. Wasser mit 2 Eßl. Tomatenpüree vermischt. Auf ein Ei kann dann verzichtet werden. Man kann aber auch statt des 4. Eies 2 Eigelb verwenden.

Nudeln mit Sahnespinat

4 Portionen à ca.
3640 kJ (870 kcal)

1 Pckg. TK-Spinat (300 g), 375 g Makkaroni oder gelbe Bandnudeln, Salzwasser, 1 Schuß Olivenöl, 1 Zwiebel, 80 g Butter, 1 Knoblauchzehe, ¼ l süße Sahne, 50 g Pinienkerne (Reformhaus), Salz, schwarzer Pfeffer aus der Mühle, geriebene Muskatnuß, 50 g frisch geriebener Parmesankäse.

Spinat bei Zimmertemperatur auftauen lassen.
Makkaroni oder Bandnudeln brechen und in Salzwasser 12 bis 15 Min. garen. Nach 5 Minuten das Öl zufügen.
Die Zwiebel schälen, hacken und in der heißen Butter goldgelb braten. Dann die geschälte, feingehackte Knoblauchzehe und den Spinat zufügen. 4 Minuten dünsten lassen. Mit der Sahne aufgießen, aufkochen und weitere 5 Minuten kochen lassen, dabei ständig umrühren. Die Pinienkerne dazugeben und die Mischung mit Salz, Pfeffer und Muskatnuß abschmecken.
Die Nudeln abgießen, abtropfen lassen und mit dem Spinat mischen. In einer vorgewärmten Schüssel anrichten und mit Parmesan bestreut servieren.
Dazu frisches Brot und einen trockenen, kühlen Weißwein reichen.

Variation:
Statt der Pinienkerne kann man in Butter geröstete Mandelstifte oder -blättchen verwenden.

Spargel-Nudel-Eintopf

4 Portionen à ca.
3370 kJ (805 kcal)

1000 g grüner Spargel, 1 l Hühnerbrühe, 1 Bund Kerbel, 1 Bund glatte Petersilie, 400 g Kalbsbratwurstbrät, geriebene Muskatnuß, 350 g schmale Bandnudeln, Salz, schwarzer Pfeffer aus der Mühle.

Grünen Spargel waschen und das untere Drittel der Stangen schälen. Die Stangen dann in etwa 3 cm lange Stücke schneiden. Die Hühnerbrühe aufkochen und die Spargelstücke darin etwa 10 Minuten köcheln lassen.
In der Zwischenzeit Kerbel und Petersilie abspülen, trockenschwenken und hacken. Jeweils die Hälfte unter die Bratwurstmasse mischen und mit Muskatnuß abschmecken. Nußgroße Klößchen daraus formen. Zu dem Spargel geben und in etwa 10 Minuten garziehen, nicht kochen lassen.
Nebenher die Bandnudeln in kräftig gesalzenem Wasser in etwa 15 Minuten nicht allzu weich, jedoch nicht nur „al dente" (beißfest) kochen. Abgießen, gründlich abtropfen lassen und mit dem Spargel mischen. Das Gericht in eine vorgewärmte Schüssel geben, mit Pfeffer übermahlen, mit dem restlichen Kerbel und der Petersilie bestreuen und sofort servieren.
Dazu ganz frisches Stangenweißbrot und einen leichten, aber trockenen Weißwein reichen.

Makkaroni-Timbale

6 Portionen à ca.
2490 kJ (595 kcal)

2 Kalbsbries von je ca. 300 g, 2 Möhren, 1 Zwiebel, ¼ Sellerieknolle, ½ Bund Petersilie, ½ Teel. gerebelter Thymian, 80 g Butter, 1/16 l trockener Weißwein, ½ l selbstgekochte Kalbsbrühe (aus Füßen), 2 gekochte Hühnerbrustfilets, 1 Eiweiß, Salz, weißer Pfeffer aus der Mühle, ¼ l süße Sahne, 250 g Makkaroni, Salzwasser, 150 g kleine frische Champignons, Zitronensaft.

Kalbsbries mindestens 1 Stunde kalt wässern, bis kein Blut mehr austritt. Dann 2 Minuten in kochendem Wasser blanchieren, abtropfen lassen, abschrecken und von Haut und Röhren befreien.
Die Brieschen nebeneinander in ein Küchentuch einschlagen, zwischen zwei Bretter legen, das obere Brett mit einem Gewicht oder einem Stein beschweren. Etwa 2 Stunden abkühlen lassen.
Auf diese Weise bleibt das Bries auch beim Schmoren fest.
Möhren, Zwiebel und Sellerie schälen und hacken. Petersilie abspülen, trockenschwenken und ebenfalls hacken. 40 g Butter erhitzen und alles darin unter Rühren so lange rösten, bis die Zwiebeln goldgelb sind. Den Weißwein angießen.
Die Kalbsbrieschen mit den Händen in ihre natürlichen Segmente zerteilen und auf dem Gemüse anrichten. Mit kochender Kalbsbrühe begießen und zugedeckt 10 Minuten köcheln lassen. Dann herausnehmen und beiseite stellen. Den Fond durch ein Sieb streichen und unter häufigem Rühren bei starker Hitze sämig einkochen.
Das Hühnerfleisch fein hacken und mit dem halbsteif geschlagenen Eiweiß vermischen. Portionsweise durch ein Haarsieb streichen, dann mit Salz und Pfeffer abschmecken. Auf ein Bett von gestoßenem Eis setzen.
Die Sahne halbsteif schlagen und löffelweise unterziehen, dann für mindestens 1 Stunde in den Kühlschrank stellen.
Die Makkaroni in reichlich Salzwasser in 10 bis 12 Minuten nicht ganz gar kochen, abgießen, kurz kalt abbrausen, abtropfen lassen und auf einem Küchentuch erkalten lassen. Darauf achten, daß sich die einzelnen Makkaroni nicht berühren.
Eine Timbaleform oder eine runde Metallschüssel (z. B. für Eisbomben) mit der restlichen Butter dick einstreichen. Von der Bodenmitte aus spiralförmig mit Makkaroni auslegen und ins Gefrierfach stellen, damit die Butter ganz hart wird.
Die Champignons putzen, wenn nötig waschen, gründlich abtropfen lassen, besser noch mit Haushaltspapier abtupfen. Dann feinblättrig schneiden und mit ganz wenig Zitronensaft 10 Minuten marinieren.
¾ der Hühnerfleischmousseline über die Makkaroni in der Form streichen und diese wie-

Makkaroni-Timbale

der in den Kühlschrank stellen.
Restliche Makkaroni in kleine Stücke schneiden, mit dem Fond, den Briesstücken und den Champignons mischen und in die Form füllen. Mit der restlichen Mousseline bestreichen. Ein Stück Pergamentpapier mit Butter einfetten und auf die Mousseline drücken.
Ein Wasserbad vorbereiten. Einen Dreifuß oder ein kleines Fritiersieb umgekehrt hineinstellen. Darauf die Timbaleform stellen. Das Wasser darf nur ¾ hoch reichen. In dem vorgeheizten Backofen (170°, Gas Stufe 2) in 40 Minuten garen.
Die Form aus dem Wasserbad heben, noch etwa 5 Minuten stehen lassen, dann das Pergamentpapier abziehen und die Timbale auf eine vorgewärmte Platte stürzen. Sofort servieren. Erst bei Tisch dann wie eine Torte aufschneiden.
Dazu Chicorée- und Radicchiosalat in einer milden Sahnemarinade mit gehackten Walnüssen und einen trockenen Weißwein reichen.

Variation:
Etwas bunter wird die Füllung, wenn man noch gekochte Perlerbschen und gewürfelten Schinken untermischt.

Nudeln mit Quark

4 Portionen à ca. 2865 kJ (685 kcal)

150 g durchwachsener Speck,
2 Zwiebeln,
350 g Bandnudeln,
Salzwasser,
250 g Sahnequark.

Den Speck fein würfeln und bei nicht zu starker Hitze langsam auslassen. Die Zwiebeln schälen und fein hacken. In dem Speckfett goldgelb braten.
In der Zwischenzeit die Bandnudeln in reichlich sprudelnd kochendem Salzwasser in 12 bis 15 Minuten „al dente" (beißfest) kochen.
Den Quark leicht ausdrücken, dann durch ein Sieb streichen.
Die Nudeln abgießen, gründlich abtropfen lassen und abwechselnd mit dem Sahnequark und der Speck-Zwiebel-Mischung in eine feuerfeste Schüssel schichten. Für 5 Minuten in den vorgeheizten Backofen (220°, Gas Stufe 4) stellen, damit das Gericht heiß wird. Dann sofort servieren.
Als Beilage zu mageren Fleischsorten (Braten und Kurzgebratenes) reichen oder zusätzlich mit frisch geriebenem Parmesan bestreut als Vorspeise servieren (dann ist die Menge allerdings für 6 Personen ausreichend).

Grüne Grießnudeln

4 Portionen à ca.
2655 kJ (635 kcal)

150 g Grieß,
300 g Mehl,
1 Ei,
1 Teel. Salz,
knapp ⅛ l lauwarmes Wasser,
1 Bund Petersilie,
Mehl zum Ausrollen,
Salzwasser,
50 g Butter,
2–3 Eßl. Semmelbrösel,
75 g geriebener Emmentaler Käse.

Aus Grieß, Mehl, Ei, Salz und Wasser mit dem Knethaken der Küchenmaschine einen festen Teig kneten. Die Petersilie abspülen, trokkenschwenken, fein hakken und gleichmäßig in den Teig einarbeiten.
Aus dem Teig auf der bemehlten Arbeitsfläche Rollen von etwa 2 cm Durchmesser formen und in 3 mm dicke Scheiben schneiden. Mit dem Daumen eine Höhlung in den Teig drücken. Reichlich Salzwasser sprudelnd aufkochen, die Grießnudeln hineingeben und 30 Minuten schwach kochen lassen.
5 Minuten vor Ende der Garzeit die Butter in einem Pfännchen bräunen und die Semmelbrösel darin goldbraun rösten. Die Nudeln abgießen, gründlich abtropfen lassen und in eine vorgewärmte Schüssel geben. Sofort mit dem Käse mischen. Mit den Semmelbrösel bestreuen und rasch servieren.
Die Nudeln als Beilage zu mageren Fleischsorten reichen.

Variation:

Man kann die Nudeln statt mit Petersilie auch mit Kerbel oder 125 g Spinat zubereiten.

Geröstete Fadennudeln

4 Portionen à ca.
1525 kJ (365 kcal)

1 Eßl. bestes Olivenöl,
20 g Butter,
300 g ganz feine Fadennudeln,
Salz,
weißer Pfeffer,
1 Teel. gekörnte Fleischbrühe.

Olivenöl und Butter in einem Stieltopf erhitzen. Die Nudeln hineingeben und unter ständigem Rühren bei nicht zu starker Hitze hellbraun rösten. Dann vom Herd nehmen und in einen Topf mit Deckel umfüllen. So viel kochendes Wasser angießen, daß es 1 cm über den Nudeln steht. Mit Salz, Pfeffer und gekörnter Brühe würzen. Den Deckel auf den Topf legen. Die Fadennudeln bei milder Hitze nun so lange eher ziehen als kochen lassen, bis sie die Flüssigkeit ganz aufgenommen haben. Das dauert etwa 5 bis 7 Minuten.
Die Nudeln sind eine besonders würzige Beilage zu Lammbraten, Hammelkeule, Kalbsnierenbraten oder Rinderschmorbraten.

Bandnudeln mit Gemüse

4 Portionen à ca. 3390 kJ (810 kcal)

100 g durchwachsener Speck, 2 Eßl. bestes Olivenöl, 2 Zwiebeln, 2 Knoblauchzehen, 2 Möhren, 400 g vollreife Fleischtomaten, 1 Pckg. TK-Erbsen (300 g), 1 Prise Salz, schwarzer Pfeffer aus der Mühle, 1 kräftige Prise Oregano, 1 Lorbeerblatt, 400 g helle Bandnudeln, Salzwasser, 1 kräftiger Schuß Öl, 125 g geriebener Emmentaler Käse.

Speck fein würfeln und in dem heißen Olivenöl langsam auslassen. Die geschälten und feingehackten Zwiebeln und Knoblauchzehen dazugeben und goldgelb braten.
Möhren schälen und raspeln. Tomaten häuten, vierteln, von den grünen Stengelansätzen befreien und hacken. Alles zusammen mit den unaufgetauten Erbsen zu der Speck-Zwiebel-Mischung geben und mit Salz, Pfeffer und Oregano abschmecken. Das Lorbeerblatt dazugeben. Im geschlossenen Topf bei milder Hitze 15 Minuten schmoren lassen.
Die Bandnudeln in reichlich sprudelnd kochendem Salzwasser, dem ein Schuß Öl zugefügt wurde, 12 bis 15 Minuten kochen. Abgießen, abtropfen lassen und in eine vorgewärmte Schüssel füllen. Mit Gemüseragout mischen und auftragen. Den Käse getrennt dazu servieren.
Zu den Nudeln kalten Braten, kaltes Brathuhn oder Lammkoteletts reichen.

Variation:
Statt Erbsen und Möhren kann man für das Gemüse grüne, rote und gelbe Paprikaschoten in reichlich Olivenöl schmoren.

Spaghetti-Rösti

4 Portionen à ca. 1925 kJ (460 kcal)

300 g kurze Spaghetti, Salzwasser, 1 Schuß bestes Olivenöl, 80 g Butter, 4 frische Knoblauchzehen.

Die Spaghetti in dem kräftig gesalzenen Wasser in 12 Minuten „al dente" (beißfest) kochen. 5 Minuten vor Ende der Garzeit das Olivenöl zugeben. Die Spaghetti abgießen und gründlich abtropfen lassen. Dann in vier Portionen teilen.
Pro Portion 20 g Butter in einer Pfanne zerlassen und eine geschälte Knoblauchzehe darin braten, bis sie eben Farbe zu nehmen beginnt. Dann die Knoblauchzehe entfernen. Die Spaghetti in die Pfanne geben und rasch auf beiden Seiten kroß braten. Am besten mit zwei großen oder vier kleinen Pfannen gleichzeitig arbeiten.
Spaghetti-Rösti auf vorgewärmten Tellern anrichten und sofort servieren. Eventuell noch etwas frisch geriebenen Parmesan über die Spaghetti streuen – jedoch nur ganz sparsam.
Dazu Lamm- oder Kalbskoteletts, nur mit ihrem Bratensaft begossen, reichen.

Bandnudeln
mit Gemüse

Bandnudeln mit Sahne

4 Portionen à ca.
5525 kJ (1320 kcal)

500 g breite Bandnudeln, Salzwasser, 1 Schuß Olivenöl, 400 g frische Champignons, 150 g Butter, 100 g Crème fraîche, 1 Becher süße Sahne (200 g), 1 Knoblauchzehe, Salz, weißer Pfeffer, 200 g roher Schinken ohne Fettrand, 100 g frisch geriebener Parmesankäse, einige Stengel frisches Basilikum.

Die Nudeln in dem sprudelnd kochenden Salzwasser, dem ein guter Schuß Öl beigegeben wurde, in 10 bis 15 Minuten „al dente" (beißfest) kochen.
In der Zwischenzeit die Champignons putzen, waschen, abtropfen lassen und in dünne Scheiben schneiden. Die Butter in einem Stieltopf erhitzen und die Champignons darin etwa 5 Minuten braten. Crème fraîche und Sahne dazugeben und einmal aufkochen. Die Knoblauchzehe schälen und in die Presse geben. Den Saft in die Soße drücken. Mit Salz und Pfeffer abschmecken.
Den Schinken in Streifen schneiden. Die Nudeln abgießen und gut abtropfen lassen. In eine vorgewärmte Schüssel lagenweise Nudeln, Schinken, Champignon-Sahne-Soße und geriebenen Parmesan schichten. Mit der restlichen Soße übergießen.
Die Basilikumblättchen abspülen, trockenschwenken und grob hakken. Das Gericht damit garnieren und sofort servieren.
Dazu einen Salat aus Tomaten, Fenchel, roten und grünen Paprikaschoten und Gurken reichen.

Trüffelnudeln

4 Portionen à ca.
1965 kJ (470 kcal)

½ Grundrezept Eiernudeln hausgemacht (siehe Seite 10), 1 dünne Stange Lauch (Porree), 2 junge Möhren, 1 Stange Bleichsellerie, 50 g Butter, 100 ml selbstgekochte Rinderbouillon, 100 ml Sahne, 1 kleine Dose italienische Trüffeln (25 g), Salz, weißer Pfeffer.

Nudeln wie beschrieben zubereiten.
Das Gemüse putzen und in streichholzgroße Stifte schneiden. Die Butter in einem Stieltopf schmelzen, das Gemüse darin etwa 2 Minuten unter Rühren andünsten. Mit Brühe und Sahne auffüllen und 2 Minuten kräftig kochen lassen. Den Topf vom Herd nehmen. Die in hauchdünne Scheiben geschnittenen Trüffeln hineingeben und die Soße mit Salz und Pfeffer abschmecken.
Die Nudeln abgießen, abtropfen lassen und in den Topf zurückgeben. Die Trüffelsoße untermischen und alles noch mal kurz erhitzen, bis die Nudeln leicht gebunden sind. Dann, wenn nötig, mit Salz und Pfeffer nachwürzen.
Diese feinen Nudeln zu gebratenem Wildgeflügel, Rinderfilet, Roastbeef oder auch Rehmedaillons reichen.

Basilikumnudeln mit Sahne

4 Portionen à ca. 2760 kJ (660 kcal)

3 Bund frisches Basilikum, ½ Teel. Salz, 300 g Mehl, 3 kleine Eier, Mehl zum Ausrollen, Salzwasser, 1 Schuß Olivenöl, 1 Pckg. TK-Erbsen (300 g), 1 Becher Crème fraîche (200 g), 75 g frisch geriebener Parmesankäse.

Basilikum abspülen, trockenschwenken und zusammen mit dem Salz im Mixer pürieren. Mehl in eine Schüssel geben, in die Mitte eine Mulde drücken und die Eier hineinschlagen. Das Basilikumpüree dazugeben. Mit den Knethaken des Handrührgerätes zu einem festen, glatten Teig verarbeiten und mit einem Tuch bedeckt 20 Minuten ruhen lassen.
Dann auf der bemehlten Arbeitsfläche messerrückendünn ausrollen und in 1 cm breite Streifen schneiden. In reichlich sprudelnd kochendem Salzwasser, dem ein Schuß Olivenöl beigegeben wurde, in 10 Minuten „al dente" (beißfest) kochen.

Nebenher die Erbsen laut Packungsaufschrift garen. Die Nudeln und Erbsen abgießen und gründlich abtropfen lassen. In einer vorgewärmten Schüssel mit der Crème fraîche und dem Parmesan mischen und sofort servieren.
Dazu Kalbskoteletts oder -schnitzel reichen.

Variation:
Statt Basilikum kann man auch glatte Petersilie oder 250 g Spinat verwenden.

Nudeln mit Käse-Quartett

4 Portionen à ca. 3515 kJ (840 kcal)

Je 75 g frischer Parmesankäse, Emmentaler, Greyerzer und Bel Paese, je 150 g grüne, rote und gelbe Schleifchennudeln, Salzwasser, Olivenöl, 50 g Butter.

Parmesankäse fein, Emmentaler und Greyerzer grob reiben, den Bel Paese ganz fein würfeln.
Die Nudeln in reichlich sprudelnd kochendem Salzwasser, dem ein kräftiger Schuß Olivenöl zugefügt wurde, in etwa 10 Minuten „al dente" (beißfest) kochen.
Die Butter in einem Stielpfännchen schmelzen lassen.

Nudeln abgießen, abtropfen lassen und in eine vorgewärmte Schüssel füllen. Mit Käse mischen und mit der zerlassenen Butter übergießen. Sofort servieren.
Dazu gemischten Salat der Saison in Sahne-Kräuter-Marinade und leichten, aber trockenen Weißwein reichen.

Grüne Nudeln mit Schinken

4 Portionen à ca.
4015 kJ (960 kcal)

**1 Zwiebel,
20 g Butter,
1 Bund glatte Petersilie,
¼ l süße Sahne,
1 Dose Thunfisch (200 g),
1 Eßl. Kapern,
Salz,
weißer Pfeffer,
150 g gekochter Schinken ohne Fettrand,
50 g Schinkenspeck in Scheiben,
400 g grüne Bandnudeln,
Salzwasser.**

Zwiebel schälen und hacken. In der Butter glasigbraten. Petersilie abspülen, trockenschwenken und hacken, zu der Zwiebel geben und 2 Minuten mitdünsten.
Mit Sahne aufgießen und alles zum Kochen bringen.
Den Thunfisch abgießen und ganz fein zerpflükken. Die Kapern abtropfen lassen und sehr fein hacken. In die Sahne geben und die Soße noch 5 Minuten köcheln lassen.
Mit Salz und Pfeffer abschmecken.
In der Zwischenzeit den Schinken in dünne Streifen schneiden und zu der Soße geben.
Schinkenspeck ebenfalls in dünne Streifen schneiden und in einer Pfanne bei milder Hitze auslassen, bis sich knusprige Grieben gebildet haben.
Nebenher die Bandnudeln in reichlich sprudelnd kochendem Salzwasser „al dente" (beißfest) kochen, abgießen, abtropfen lassen und in eine Schüssel geben.
Rasch mit der Soße mischen. Die Speckgrieben ohne Fett darüber verteilen. Sofort servieren.
Dazu beliebigen geriebenen Käse und einen gemischten Salat aus Tomaten, Sellerie, Fenchel und Kopfsalat in Essig-Öl-Marinade reichen.

Makkaroni mit Krabbensoße

4 Portionen à ca.
2865 kJ (685 kcal)

**1 Zwiebel,
20 g Butter,
1 Becher Crème fraîche (200 g),
1 Pckg. „8 Kräuter"-Mischung (tiefgekühlt),
200 g frische, geschälte Krabben,
Zitronensaft,
Salz,
schwarzer Pfeffer aus der Mühle,
1 Prise Zucker,
400 g Makkaroni,
Salzwasser,
1 Schuß Olivenöl.**

Geschälte Zwiebel fein hacken und in der Butter glasigbraten.
Crème fraîche dazugeben und aufkochen. Die Kräuter in die Soße geben und auftauen lassen, dabei muß die Soße aber nicht mehr kochen. Dann die Krabben zufügen und 5 Minuten ziehen lassen.
Die Soße mit Zitronensaft, Salz, Pfeffer und Zucker abschmecken.
Während die Soße zubereitet wird, die Makkaroni in reichlich sprudelnd kochendem Salzwasser, dem ein Schuß Olivenöl zugefügt wurde, in etwa 12 Minuten weich kochen.
Abgießen, abtropfen lassen und in eine vorgewärmte Schüssel geben. Sofort mit der Soße mischen.
Dazu Kopfsalat in Kräuter-Sahne-Marinade reichen.
Auf Käse sollte man bei diesem Gericht verzichten, da er das zarte Krabbenaroma übertönen würde.

Grüne Nudeln
mit Schinken

Nuß-Kräuter-Soße

4 Portionen à ca. 3265 kJ (780 kcal)

200 g Haselnußkerne, 20 g Butter, ½ Bund glatte Petersilie, ½ Bund Kerbel, einige Basilikumblätter, 3 frische Knoblauchzehen, ⅛ l bestes Olivenöl, 100 g frisch geriebener Parmesankäse, Salz, schwarzer Pfeffer aus der Mühle.

Haselnußkerne in der Butter rundherum goldbraun rösten. Dann durch die Mandelmühle drehen oder mit dem Mixstab des Handrührgeräts zerkleinern. Petersilie, Kerbel und Basilikum abspülen, gründlich trockenschwenken, fein hacken. Die geschälten Knoblauchzehen durch die Presse drücken. Mit den Nüssen mischen. Nach und nach das Öl einlaufen lassen und kräftig unterschlagen, so daß eine mayonnaiseartige Soße entsteht. Mit dem Parmesan vermischen und mit Salz und Pfeffer abschmecken.
Die Soße muß unter ganz heiße Nudeln gemischt werden und schmeckt vor allem zu Spaghetti und Bandnudeln.

Variation:
Statt der Haselnüsse kann man auch ungeschälte Mandeln verwenden. Sie brauchen jedoch nicht unbedingt geröstet zu werden. Oder man nimmt schon industriell mit ihrer dünnen Schale geröstete Mandeln.

Nuß-Basilikum-Soße

4 Portionen à ca. 2300 kJ (550 kcal)

2 Bund frisches Basilikum, 75 g Pinienkerne, 4–5 Knoblauchzehen, 1 Msp. Salz, gut ⅛ l bestes Olivenöl, je 65 g frisch geriebener Parmesan und Pecorinokäse (ersatzweise insgesamt nur 100 g Parmesan).

Basilikum abspülen, gründlich trockentupfen und die Blätter von den Stielen zupfen. Wenn nötig in Streifen schneiden. Zusammen mit den Pinienkernen, den geschälten, grob zerhackten Knoblauchzehen und dem Salz in einen Mörser geben und zu einer feinen Paste zerstoßen oder im Mixer pürieren.
In eine Schüssel geben und tropfenweise das Öl unterschlagen, so daß eine mayonnaiseähnliche Soße entsteht. Zum Schluß mit dem (wirklich!) frisch geriebenen Käse mischen.

Die Soße schmeckt besonders gut zu Tagliatelli oder Fettuccine, die ganz frisch gekocht und heiß sein müssen.
Man kann mit dieser Soße auch Ragouts von hellem Fleisch, die zu Teigwaren gereicht werden, würzen.

Tip *Wem zwei Bund Basilikum zu intensiv sind, kann ein Bund durch Petersilie ersetzen. Es sollte aber glatte Petersilie sein, sie ist etwas würziger als krause und paßt sich geschmacklich besser dem Basilikum an.*

Soße aus Geflügelleber

4 Portionen à ca.
775 kJ (185 kcal)

300 g Geflügelleber (vom Huhn oder Puter), 250 g frische Champignons, 1 Zwiebel, 1 Knoblauchzehe, 2 Eßl. bestes Olivenöl, 500 g vollreife Fleischtomaten, ½ Bund frischer Majoran, ½ Lorbeerblatt, Salz, schwarzer Pfeffer aus der Mühle.

Geflügelleber mit Haushaltspapier abtupfen, dann ganz fein würfeln, eher hacken.
Die Champignons putzen, wenn nötig waschen und abtropfen lassen. Dann ebenfalls grob hacken.
Zwiebel und Knoblauchzehe schälen, hacken und in einem Topf mit heißem Öl glasig braten.
Champignons dazugeben und unter Rühren so lange dünsten, bis keine Flüssigkeit mehr vorhanden ist.
Dann die Geflügelleber zufügen und 2 Minuten mitbraten. Den Topf vom Herd nehmen.
Die Tomaten häuten, vierteln, entkernen und von den grünen Stengelansätzen befreien. Das Fruchtfleisch würfeln. In den Topf geben. Diesen wieder auf den Herd stellen und alles 5 Minuten köcheln lassen.
Majoranblättchen von den Stielen zupfen, grob hacken. Das Lorbeerblatt ganz fein zerbröseln. In die Soße geben, mit Salz und Pfeffer abschmecken. Unter sehr heiße Nudeln mischen.
Die Soße schmeckt zu Hörnchen, Schleifen, Makkaroni, Spaghetti und Bandnudeln.

Thunfisch-Erbsen-Soße

4 Portionen à ca.
1215 kJ (290 kcal)

1 Pckg. TK-Erbsen (300 g), Salzwasser, 1 Bund glatte Petersilie, 4 Stengel Basilikum, 1 Dose Thunfisch in Öl (200 g), 2 Sardellenfilets, ⅛ l süße Sahne, Salz, schwarzer Pfeffer aus der Mühle, abgeriebene Schale einer Viertel unbehandelten Zitrone.

Erbsen laut Packungsaufschrift in wenig Salzwasser garen.
Petersilie und Basilikum abspülen, trockenschwenken und fein hakken. Thunfisch abtropfen lassen und mit einer Gabel fein zerpflücken. Die Sardellenfilets gründlich wässern, trockentupfen und fein hacken.
Kräuter, Thunfisch und Sardellenfilets mit der Sahne zusammen in einem Stieltopf aufkochen und 2 Minuten kochen lassen. Dann die abgetropften Erbsen dazugeben. Die Soße mit Salz, Pfeffer und Zitronenschale abschmecken und sofort unter heiße Nudeln mischen.
Die Soße schmeckt besonders gut zu Spaghetti, Makkaroni und Bandnudeln.

Variation:

Statt Thunfisch kann man auch gehäutete Ölsardinen verwenden. Dann noch ½ rote, feingehackte Paprikaschote und eventuell einige grüne Oliven in die Soße geben.

Gorgonzola-Sahne-Soße

4 Portionen à ca.
1445 kJ (345 kcal)

20 g Butter,
2 Knoblauchzehen,
1 Becher süße Sahne (200 g),
150 g Gorgonzola,
Salz,
schwarzer Pfeffer aus der Mühle,
½ Bund glatte Petersilie,
½ Bund Kerbel.

Butter in einem Stieltopf zum Schmelzen bringen. Die geschälten Knoblauchzehen darin goldgelb werden lassen.
Die Sahne zugießen und unter häufigem Rühren um ⅓ einkochen lassen.
Dann die Knoblauchzehen entfernen.
Den Gorgonzola in Würfel schneiden. Nach und nach zu der Sahne geben und bei nicht zu starker Hitze schmelzen lassen.
Die Soße mit Salz und Pfeffer abschmecken.
Warm halten.
Petersilie und Kerbel abspülen, trockenschwenken und hacken.
Erst unmittelbar vor dem Servieren mit der Soße mischen.
Die Soße schmeckt zu Spaghetti und allen grünen Nudelsorten.

Echte Sauce Bolognese

4 Portionen à ca.
2070 kJ (495 kcal)

15 g getrocknete Steinpilze,
50 g durchwachsener Speck,
2 Zwiebeln,
2 Stangen Bleichsellerie,
1 Möhre,
1 Knoblauchzehe,
2 Eßl. Olivenöl,
250 g Rinderhack (Tatar),
100 g roher Schinken ohne Fettrand,
1 Eßl. Tomatenpüree,
⅛ l heiße Fleischbrühe,
⅛ l Rotwein,
Oregano,
1 Prise Salz,
schwarzer Pfeffer aus der Mühle,
6 Eßl. süße Sahne.

Steinpilze mit heißem Wasser bedecken und etwa 20 Minuten quellen lassen.
Den Speck fein würfeln und in einem flachen Topf bei nicht zu starker Hitze langsam auslassen.
Nebenher die geschälten Zwiebeln hacken. Den geputzten Sellerie und die geschabte Möhre fein würfeln. Die Knoblauchzehe schälen und durch die Presse drücken.
Das Öl zu dem Speckfett geben, erhitzen und die vorbereiteten Gemüse darin unter Rühren etwa 3 Minuten anrösten. Dann das Fleisch dazugeben und unter Rühren so lange anbraten, bis es ganz krümelig geworden ist.
Nebenher den Schinken und die abgetropften Steinpilze fein würfeln.
Ganz kurz mitbraten.
Tomatenpüree, Fleischbrühe und Rotwein einrühren. Die Soße mit Oregano, Salz und Pfeffer abschmecken und zugedeckt bei milder Hitze 40 Minuten köcheln lassen. Dabei gelegentlich umrühren.
Dann die Sahne in die Soße rühren. Diese so lange im offenen Topf köcheln lassen, bis sich Fleisch und Sahne ganz verbunden haben.
Die Soße paßt besonders gut zu frisch gekochten Spaghetti und weißen oder grünen Bandnudeln.
Unbedingt frisch geriebenen Parmesankäse dazu reichen.

Gorgonzola
Sahne-Soße

Echte
Sauce Bolognese

Rohe
Tomatensoße

Rezept Seite 26

Rohe Tomatensoße

4 Portionen à ca.
1425 kJ (340 kcal)

1000 g vollreife Tomaten (am besten Flaschentomaten, keine Treibhausfrüchte), 2 Knoblauchzehen, ⅛ l bestes Olivenöl, Salz, 1 Prise Zucker, schwarzer Pfeffer aus der Mühle, frisches Basilikum, frischer Oregano.

(Foto Seite 25)

Tomaten mit kochendem Wasser überbrühen, häuten, vierteln, entkernen und von den grünen Stengelansätzen befreien.
Die Knoblauchzehen schälen und halbieren. Den grünen Innenkern herausnehmen.
Tomaten und Knoblauch in den Mixer geben und pürieren, dabei nach und nach das Öl einlaufen lassen. Die fertige Soße mit Salz, Zucker und Pfeffer abschmecken. Mindestens 2 Stunden in den Kühlschrank stellen. Dann nach Belieben mit nicht zu klein gehacktem Basilikum und Oregano würzen.
Die ganz frisch gekochten Nudeln sofort mit der Soße mischen und servieren.
Die Soße schmeckt zu Spaghetti, Makkaroni und allen weißen Nudeln.

Pikante Pilzsoße

4 Portionen à ca.
835 kJ (200 kcal)

250 g frische Steinpilze oder Maronenröhrlinge, 1 kleine Zwiebel oder Schalotte, 1 Knoblauchzehe, 20 g Butter, 1 Eßl. bestes Olivenöl, 1 Bund glatte Petersilie, 1 Eßl. Tomatenpüree, 4 Eßl. trockener Weißwein, 6 Eßl. Crème fraîche, Salz, weißer Pfeffer, 1 kräftige Prise Paprika rosenscharf, 1 Prise Zucker.

Pilze putzen, wenn nötig waschen und fein hacken. Zwiebel oder Schalotte und Knoblauchzehe schälen und hacken. Butter und Olivenöl erhitzen, Zwiebel und Knoblauch darin goldgelb braten. Die Pilze zufügen und alles noch 5 Minuten braten lassen.
Die abgespülte, trockengeschwenkte und fein gehackte Petersilie, das Tomatenpüree, Wein und Crème fraîche dazugeben und alles unter Rühren 5 Minuten kräftig durchkochen lassen. Mit Salz, Pfeffer, Paprika und Zucker abschmecken.
Die Soße schmeckt zu allen Bandnudeln, zu Spaghetti und mit Fleisch gefüllten Ravioli oder Tortellini.

Tip *Frische Pilze sind oft schwer zu bekommen. Aber getrocknete mit intensiver Würzkraft tun es auch, wie zum Beispiel Butterpilze, Steinpilze, Champignons oder Mischpilze, die man überall kaufen kann. Sie werden 2 Stunden in Wasser eingeweicht, dann zum Abtropfen in ein Sieb gegeben und anschließend gehackt. Nach dem Braten die zuvor durch einen Filter geseihte Einweichflüssigkeit zu den Pilzen geben und fast ganz einkochen lassen.*

Sardellen-Kapern-Soße

4 Portionen à ca.
1485 kJ (355 kcal)

**4 Sardellenfilets,
2 Schalotten,
2 Knoblauchzehen,
100 ml bestes Olivenöl,
100 ml Crème fraîche oder süße Sahne,
1 Glas Kapern (40 g),
1 Bund glatte Petersilie,
Zitronensaft.**

Sardellenfilets unter fließendem Wasser gründlich abspülen, dann ebenso wie die geschälten Schalotten und Knoblauchzehen fein hacken. Das Öl in einem Stieltopf nicht zu stark erhitzen. Sardellen, Schalotten und Knoblauch darin so lange unter Rühren braten, bis die Schalotten goldgelb sind. Crème fraîche oder Sahne zufügen und alles einmal aufkochen lassen. Vom Herd nehmen.
Die abgetropften Kapern und die abgespülte, trockengeschwenkte Petersilie hacken. Mit der Soße mischen. Die Soße mit Zitronensaft abschmecken und noch warm unter die „Pasta" mischen.
Die Soße schmeckt besonders gut zu Bandnudeln und Spaghetti.

Tip *Wenn's mal schnell gehen soll, die Soße ohne Sardellen zubereiten und anschließend mit Sardellenpaste pikant abschmecken.*

Mandel-Pistazien-Soße

4 Portionen à ca.
1215 kJ (290 kcal)

**50 g ungeschälte Mandeln,
50 g geröstete Pistazienkerne,
½ Bund glatte Petersilie,
½ Bund Basilikum,
2 Eßl. bestes Olivenöl,
6 Eßl. süße Sahne,
1 Prise Salz.**

Die Mandeln 2 Minuten in kochendes Wasser legen, abschrecken und abziehen. Die Pistazienkerne in einem Küchentuch so lange reiben, bis die Häutchen ganz abgegangen sind.
Mandeln und Pistazien zusammen mit den abgespülten und von den Stielen gezupften Petersilie- und Basilikumblättchen im Mixer oder mit dem Schneidstab des Handrührgerätes zu einer Paste verarbeiten. Tropfenweise das Öl dazugeben, dann die süße Sahne in einem dünnen Strahl einlaufen lassen. Die cremige Soße mit Salz abschmecken.
Sie paßt zu Spaghetti, grünen und hellen Bandnudeln, Trenette und Penne (siehe Seite 140).

Variation:
Statt Mandeln kann man auch Pinienkerne (aus dem Reformhaus) verwenden.

Badische Butterspätzle mit geriebener Käse

Aus deutschen Landschaftsküchen

Nudelgerichte – modern und mit Tradition

Schwäbische Spätzle
mit Kräutern

Badische Butterspätzle
mit Zwiebeln

Rezepte Seite 30

Badische Butterspätzle

4 Portionen à ca.
2510 kJ (600 kcal)

400 g Mehl,
2 kleine Eier,
$^3/_{16}$ l Milch,
Salz,
Salzwasser,
80 g Butter.

(Foto Seite 28/29)

Mehl, Eier, Milch und Salz nach Geschmack zu einem glatten Teig verrühren.
Reichlich Salzwasser sprudelnd aufkochen lassen. Den Teig in eine Spätzlepresse geben und in das Wasser drücken. Sobald die Spätzle an die Oberfläche kommen, sofort mit einem Schaumlöffel aus dem Wasser heben, damit sie nicht zu weich werden.
Zuvor schon die Butter in einem Pfännchen goldbraun werden lassen. Die fertigen Spätzle in eine vorgewärmte Schüssel geben und in der Butter schwenken. Nach Belieben noch mit geriebenem Emmentaler Käse oder in Butter gebratenen Zwiebelringen bestreuen. Sofort servieren.
Spätzle zu allen Wildbraten, Kalbsbraten, Brathähnchen, Geschnetzeltem und anderen Ragouts reichen.

Schwäbische Spätzle

6 Portionen à ca.
2825 kJ (675 kcal)

500 g Mehl,
4 Eier,
1 Teel. Salz,
$^1/_4$ l Wasser,
Salzwasser,
60 g Butter,
2 Eßl. Semmelbrösel.

(Foto Seite 28/29)

Das Mehl, Eier, Salz und Wasser in eine Schüssel geben und mit dem Knethaken des Handrührgerätes zu einem elastischen Teig kneten. Der Teig ist fertig, wenn er Blasen wirft.
Das Salzwasser sprudelnd aufkochen lassen. Den Teig in kleinen Portionen auf ein kalt abgespültes Brett streichen und mit einem breiten Messer in dünnen Streifen in das Wasser schaben. Sobald die Spätzle an die Oberfläche steigen, mit einem Schaumlöffel herausnehmen, kurz in lauwarmes Wasser tauchen, abtropfen lassen und in eine vorgewärmte Schüssel geben.
Butter erhitzen und die Semmelbrösel darin goldbraun rösten. Über die fertigen Spätzle geben.
In Schwaben werden die Spätzle zu fast allen Fleisch- und auch Gemüsegerichten als Beilage serviert.

Variation:
Diesen Teig kann man auch mit 3 Eßl. gehackter Petersilie mischen. Dann jedoch die Semmelbrösel weglassen.

Spinatspatzen mit Käse

4 Portionen à ca.
2865 kJ (685 kcal)

**1 Pckg. TK-Spinat (150 g),
300 g Mehl,
4 Eier,
2 Eßl. Milch,
Salzwasser,
250 g geriebener Emmentaler Käse,
2 Zwiebeln,
20 g Butter.**

Spinat mit nur ganz wenig Wasser bei milder Hitze im geschlossenen Topf auftauen lassen. Dann im offenen Topf so lange unter Rühren dünsten, bis keine Flüssigkeit mehr vorhanden ist.
Mehl in eine Schüssel geben, mit den Eiern und der Milch zu einem glatten Teig verarbeiten, dann mit dem Spinat mischen.
Reichlich Salzwasser sprudelnd aufkochen lassen. Den Teig auf ein angefeuchtetes Brett streichen und mit einem Messer in das Wasser schaben. Sobald die Spätzle oben schwimmen, noch 5 Minuten ziehen lassen, dann in einen Durchschlag geben, kalt abspülen und gut abtropfen lassen.
Eine feuerfeste Form lagenweise mit Spinatspatzen und Käse füllen und in den vorgeheizten Backofen (200°, Gas Stufe 3) schieben. In etwa 10 Minuten den Käse schmelzen, jedoch nicht bräunen lassen.
In der Zwischenzeit die Zwiebeln schälen und in Ringe schneiden. In der Butter knusprig braun braten. Die Spinatspatzen damit bedecken und in der Form servieren.
Spinatspatzen als Beilage zu festlichen Braten wie Schweine- oder Rinderfilet reichen.

Pfälzer fritierte Nudeln

4 Portionen à ca.
1780 kJ (425 kcal)

**250 g Mehl,
2 kleine Eier,
1 Eiweiß,
1 Eßl. Pflanzenöl,
1 kräftige Prise Salz,
Mehl zum Ausrollen,
750 g Kokosfett oder 1 l Pflanzenöl zum Ausbacken.**

Das Mehl in eine Schüssel geben, eine Mulde hineindrücken und die verquirlten Eier und das Eiweiß hineingeben. Mit einer Gabel Eier und Mehl verrühren. Danach das Pflanzenöl und das Salz in den Teig kneten. Den Teig unter einer umgestülpten Schüssel 1 Stunde ruhen lassen. Dann auf einer bemehlten Arbeitsfläche etwa 3 mm dick ausrollen. In 2 cm breite und 8 cm lange Streifchen schneiden.
Kokosfett oder Öl in einer Friteuse auf 180° erhitzen und die Nudeln darin portionsweise knusprig braun braten. Mit einem Schaumlöffel herausnehmen und gut abtropfen lassen. Warm stellen, bis alle Nudeln fertig sind, dann sofort servieren.
Die Nudeln zu deftigen Gerichten wie Bratwurst, gebratener Blutwurst, Frikadellen oder gebratenen Milzwurstscheiben reichen.

Schwäbische Maultaschen

4 Portionen à ca.
4100 kJ (980 kcal)

400 g Mehl,
4 Eier,
Salz,
50 g fetter Speck,
4 große Zwiebeln,
250 g frischer Spinat,
60 g Butter oder Margarine,
300 g gemischtes Hackfleisch,
schwarzer Pfeffer aus der Mühle,
geriebene Muskatnuß,
Mehl zum Ausrollen,
2 l sehr kräftige Rinderbrühe (am besten selbstgekocht),
1 Eßl. gehackte Petersilie.

Aus Mehl, Eiern und etwa 1/2 Teel. Salz mit den Knethaken des Handrührgeräts einen festen, glatten Teig bereiten, eventuell 1 bis 2 Eßl. lauwarmes Wasser dazugeben. Den Teig mit einer Schüssel bedeckt 20 Min. ruhen lassen.
In der Zwischenzeit die Füllung zubereiten: Den Speck fein würfeln und bei milder Hitze auslassen. Zwei Zwiebeln schälen und fein hacken.
Den Spinat verlesen, waschen und tropfnaß in einen Topf geben. So lange dünsten, bis er zusammengefallen ist, dann hacken.
20 g Butter oder Margarine zu dem Speck geben. Zuerst die Zwiebeln glasig braten, dann das Hackfleisch dazugeben und so lange braten, bis es krümelig geworden ist. Dann erst den Spinat zufügen und alles noch 2 Minuten unter Rühren braten. Die Mischung mit Salz, Pfeffer und Muskatnuß pikant würzen.
Den Teig auf der bemehlten Arbeitsfläche messerrückendünn ausrollen und mit einem Kuchenrad zu Rechtecken von etwa 4 cm Breite und 10 cm Länge ausschneiden. In die Mitte jeweils 1 Eßl. Füllung geben und den Teig zu Taschen zusammenfalten. Die Ränder mit den Fingerspitzen fest zusammendrücken.
Die Brühe aufkochen und die Maultaschen einlegen. So lange köcheln lassen, bis sie nach oben gestiegen sind, dann noch 10 Minuten ziehen lassen. Mit einem Schaumlöffel herausnehmen.
Während die Maultaschen garen, die restlichen beiden Zwiebeln schälen, hacken und in dem übrigen Fett goldgelb braten.
Die Maultaschen in einer vorgewärmten Schüssel anrichten, mit den Zwiebeln übergießen, mit Petersilie bestreuen und sofort servieren.
Dazu gibt es traditionell warmen Kartoffelsalat, der mit grünem Salat garniert werden kann. Als Getränk paßt am besten ein Bier.

Tip *Maultaschen waren früher ein Arme-Leute-Essen, heute sind sie eine Delikatesse. Statt der Hackfleischmischung kann man aber auch eine Füllung aus Spinat und Brennesseln (je 300 g) zubereiten, die durch den herb-pikanten Geschmack der Brennesseln ihre besondere Note bekommt.*

Schwäbische
Maultaschen

Albländer Specknudeln

4 Portionen à ca.
3010 kJ (720 kcal)

**500 g am Vortag gekochte Pellkartoffeln,
250 g Mehl,
2 Eier,
Salz,
schwarzer Pfeffer aus der Mühle,
geriebene Muskatnuß,
125 g durchwachsener Speck,
3 Zwiebeln,
20 g Butter,
2 Bund Petersilie,
Mehl zum Ausrollen,
Salzwasser,
4 Eßl. Öl.**

Pellkartoffeln schälen und fein reiben. Mit Mehl und Eiern zu einem festen Teig verarbeiten. Mit Salz, Pfeffer und geriebener Muskatnuß abschmecken. Den Teig etwa 15 Minuten ruhen lassen.
Den Speck würfeln und bei nicht zu starker Hitze auslassen.
Die Zwiebeln schälen und hacken. Mit der Butter zum Speck geben und goldbraun braten.
Die Masse mit der zuvor abgespülten, trockengeschwenkten und feingehackten Petersilie mischen.
Den Teig auf der bemehlten Arbeitsfläche gut fingerdick ausrollen und mit der Speckmischung bestreichen. Dann von der Längsseite her aufrollen, flach drücken und in fingerdicke Stücke schneiden.
Salzwasser aufkochen, die Specknudeln einlegen und in 15 Minuten garziehen, nicht kochen lassen. Mit einem Schaumlöffel herausnehmen und auf einem Küchentuch trocknen lassen.
Das Öl in einer großen Pfanne erhitzen und die Nudeln darin rundherum goldgelb braten.
Sie werden zu deftigen Gerichten wie Schweinebraten, gebackene Zunge, Kalbsherz oder Schlachtplatte gereicht.

Rupfhauben

4 Portionen à ca.
2320 kJ (555 kcal)

**350 g Mehl,
15 g Hefe,
½ Teel. Zucker,
⅛ l lauwarme Milch,
2 kleine Eier,
1 Prise Salz,
Mehl zum Ausrollen,
¼ l Milch,
40 g Zucker,
1 Eßl. Vanillezucker,
30 g Butter.**

Das Mehl in eine Schüssel sieben und in die Mitte eine Vertiefung drücken. Die Hefe hineinbröckeln und mit dem Zucker vermischen. Etwas Milch hineingeben und zusammen mit etwas Mehl unter die Hefe rühren. Zugedeckt 10 Minuten an einem warmen Ort gehen lassen. Dann die restliche Milch, die Eier und das Salz dazugeben und dies alles zu einem geschmeidigen Teig verkneten. Den Teig auf der bemehlten Arbeitsfläche messerrückendünn ausrollen und zu Kreisen von 8 cm Durchmesser ausstechen.
Milch, Zucker, Vanillezucker und Butter in einem großen Topf mit einem sehr gut schließenden Deckel erhitzen. Die Ränder der Teigkreise in Falten drücken (wie zu einer Haube der früheren Küchenmamsell) und die „Hauben" dicht nebeneinander mit der glatten Seite nach oben in den

Topf stellen. Das muß sehr schnell gehen. Den Topfdeckel auflegen und die „Hauben" bei schwacher Hitze in 20 Minuten garen. Den Deckel zwischendurch nicht hochheben. Wenn es im Topf knistert, ist die Milch verdampft und die Rupfhauben sind fertig. Heiß servieren.
Dazu Zimtzucker, Kompott oder Vanillesoße reichen.

Klösterliche Maultaschen

4 Portionen à ca. 4205 kJ (1005 kcal)

400 g Mehl,
4 Eier,
Salz,
50 g durchwachsener Speck,
3 Zwiebeln,
250 g frischer Spinat,
350 g grobes Bratwurstbrät,
1 Bund Petersilie,
2 Eßl. Semmelbrösel,
geriebene Muskatnuß,
Mehl zum Ausrollen,
1 Eiweiß,
2 l kräftige Fleischbrühe,
1 Bund Schnittlauch.

Mehl auf die Arbeitsfläche sieben und in die Mitte eine Mulde drücken. Die aufgeschlagenen Eier und etwa ½ Teel. Salz hineingeben. Mit einer Gabel vermengen, dann zu einem glatten, festen Teig kneten. Mit einer Schüssel bedeckt 20 Minuten ruhen lassen.
In der Zwischenzeit die Füllung zubereiten. Den Speck fein würfeln und auslassen. Die geschälten, gehackten Zwiebeln darin glasig braten.
Den Spinat verlesen, waschen, gründlich abtropfen lassen, ungekocht hacken. Zu den Zwiebeln geben und so lange dünsten, bis er zusammengefallen ist, das dauert etwa 1 Minute.
Diese Masse mit Bratwurstbrät, abgespülter, gehackter Petersilie und Semmelbröseln mischen. Mit Muskatnuß und evtl. noch etwas Salz pikant abschmecken.
Den Teig auf der bemehlten Arbeitsfläche messerrückendünn ausrollen. Kreise von etwa 10 cm Durchmesser ausstechen und die Ränder mit Eiweiß bestreichen.
In die Mitte jeweils 1 Eßl. Füllung geben und den Teig zu Halbmonden zusammenklappen. Die Ränder mit einer Gabel festdrücken.
Die Fleischbrühe zum Kochen bringen. Die Maultaschen einlegen und so lange köcheln lassen, bis sie an die Oberfläche gestiegen sind. Dann noch etwa 5 Minuten ziehen lassen. Mit einer Schaumkelle herausnehmen, in vier vorgewärmte Suppenteller verteilen und mit soviel Fleischbrühe begießen, daß sie eben bedeckt sind. Mit Schnittlauchröllchen bestreut sofort servieren.
Dazu werden keine Beilagen gereicht, ein kräftiger Weißwein oder ein Bier schmecken jedoch gut dazu.

Gaisburger Marsch

4 Portionen à ca. 2780 kJ (665 kcal)

200 g Suppenknochen, 1 Markknochen, 1½ l Wasser, 1 Teel. Salz, 1 Teel. gekörnte Brühe, 10 Pfefferkörner, 1 Zwiebel, 1 Lorbeerblatt, 4 Gewürznelken, 600 g mageres Rindfleisch zum Kochen, 2 Stangen Lauch, 4 Möhren, 250 g Spätzle, 300 g festkochende Kartoffeln, 2 Zwiebeln, 30 g Butter.

Suppen- und Markknochen in kaltem Wasser aufsetzen. Salz, gekörnte Brühe, Pfefferkörner, die geschälte, mit Lorbeerblatt und Nelken gespickte Zwiebel hineingeben und alles aufkochen. Erst dann das Fleisch einlegen und zugedeckt 2 Stunden bei milder Hitze mehr ziehen als kochen lassen.
Lauch und Möhren putzen bzw. schälen und in Streifen schneiden. Etwa nach 100 Minuten zum Fleisch geben.
Die Spätzle und die geschälten und in Würfel geschnittenen Kartoffeln gesondert in Salzwasser garen.
Die Zwiebeln schälen, in Ringe schneiden, in Butter goldbraun braten.
Knochen, Zwiebel und Fleisch aus der Brühe nehmen. Knochen und Zwiebel wegwerfen.
Das Fleisch in mundgerechte Würfel schneiden. Zusammen mit den abgetropften Spätzle und den abgegossenen Kartoffeln wieder in die Brühe geben und erhitzen.
Mit Zwiebelringen bedeckt sofort servieren.

Bunter Nudeleintopf

4 Portionen à ca. 2090 kJ (500 kcal)

4 Markknochen, 1½ l Wasser, 1 Teel. Salz, 1 Zwiebel, 2 Lorbeerblätter, 4 Gewürznelken, 6 Pfefferkörner, 500 g mageres Rindfleisch zum Kochen, 5 Möhren, ½ Sellerieknolle, 2 Stangen Lauch, 2 Kohlrabi, 200 g krause Bandnudeln, 1 Teel. gekörnte Fleischbrühe (Instant), schwarzer Pfeffer, 1 Eßl. feingehackte Petersilie.

Markknochen mit kaltem Wasser aufsetzen, Salz, die mit Lorbeerblättern und Nelken gespickte Zwiebel und die Pfefferkörner dazugeben. Wasser zum Kochen bringen, dann erst das Fleisch einlegen. Etwa 90 Minuten bei mittlerer Hitze köcheln lassen.
Das Gemüse putzen bzw. schälen und in kleinfingergroße Stückchen schneiden.
Das Fleisch und die Knochen aus der Brühe nehmen. Die Brühe durch ein Sieb gießen, das Fleisch in mundgerechte Stücke schneiden.
Die Brühe wieder aufkochen, Fleisch und Gemüse hineingeben und noch 20 Minuten kochen lassen. Nach 5 Minuten Kochzeit die Nudeln dazugeben. Den Eintopf mit Fleischbrühe und Pfeffer abschmecken und mit Petersilie bestreut servieren.
Dazu deftiges Bauernbrot reichen.

Tip *Eilige Leute können tiefgekühltes Suppengrün verwenden. Es wird unaufgetaut in die Brühe gegeben und ist ebenfalls nach 20 Minuten gar.*

Gaisburger Marsch

Bunter Nudeleintopf

Fisch-Nudel-Topf

4 Portionen à ca.
1130 kJ (270 kcal)

1000 g Fischabschnitte (Köpfe, Schwanzflossen), 1 Bund Suppengrün, 1 Petersilienwurzel, 1 Lorbeerblatt, 1 Thymianzweig, 1 Teel. Salz, 6 Pfefferkörner, 1½ l Wasser, 2 Möhren, 1 Stange Bleichsellerie, 150 g TK-Erbsen, 600 g Fischfilet (Kabeljau, Dorsch oder Rotbarsch), 125 g Fadennudeln, 1 Msp. Safran, ½ Bund feingehackte glatte Petersilie.

Fischabschnitte gründlich waschen.
Suppengrün und Petersilienwurzel putzen und grob würfeln. Alles mit Lorbeerblatt, Thymian, Salz und Pfefferkörnern in dem Wasser aufkochen und zugedeckt 45 Minuten köcheln lassen.
Zwischendurch hin und wieder den Schaum abheben.
Den Sud durch ein Haarsieb gießen. Am besten noch ein zweites Mal durch Filterpapier seihen.
Möhren und Sellerie putzen und in Scheiben schneiden. Den Fischfond aufkochen, Möhren, Sellerie und die unaufgetauten Erbsen hineingeben und 10 Minuten köcheln lassen.
In der Zwischenzeit den Fisch in mundgerechte Würfel schneiden. Nach 8 Minuten die Fadennudeln einlegen, dann den Fisch. Den Fond aber nicht mehr kochen, sondern eben nur köcheln lassen. Den Fisch in 12 Minuten garziehen lassen. Fond mit Safran färben, eventuell mit Salz nachwürzen. Das Gericht mit gehackter Petersilie bestreut servieren.
Dazu Landbrot reichen.

Schwäbische Knöpfle

4 Portionen à ca.
1340 kJ (320 kcal)

200 g Mehl, 3 kleine Eier, ¼ Teel. Salz, 1 Eßl. Wasser, 100 g altbackenes Weißbrot ohne Rinde, 1 Zwiebel, 10 g Butter, 1 Eßl. feingehackte Petersilie, geriebene Muskatnuß, Salzwasser.

Das Mehl mit 2 Eiern, Salz und Wasser zu einem glatten Teig verarbeiten und etwas ruhen lassen.
Das Weißbrot ganz klein würfeln und mit dem restlichen Ei vermischen. 10 Minuten quellen lassen.
In der Zwischenzeit die Zwiebel schälen und ganz fein hacken oder reiben. In der heißen Butter goldbraun braten.
Spätzleteig mit dem Weißbrot, der Zwiebel und der gehackten Petersilie mischen. Mit Muskatnuß abschmecken.
Das Salzwasser sprudelnd aufkochen. Den Teig mit einem Teelöffel in haselnußgroßen Klößchen (Knöpfle) abstechen und ins Wasser geben. In 15 Minuten garziehen, nicht kochen lassen. Mit einem Schaumlöffel herausnehmen und in einer vorgewärmten Schüssel servieren.
Die Knöpfle schmecken als Beilage zu allen deftigen Braten wie Schweinebraten mit Kruste, Kalbsbrust oder deftigem Gemüse wie Rotkohl, Sauerkraut und Wirsing.

Champignon-Nudel-Pfanne

4 Portionen à ca.
3495 kJ (835 kcal)

**250 g Bandnudeln,
Salzwasser,
1 kräftiger Schuß Öl,
1 Pckg. TK-Bohnen
(300 g),
250 g frische
Champignons,
150 g Schinkenspeck,
40 g Butter,
200 g gekochter
Schinken,
4 Eier,
1 kleiner Becher saure
Sahne (100 g),
Salz,
weißer Pfeffer,
geriebene Muskatnuß.**

Bandnudeln in dem sprudelnd kochenden Salzwasser, dem ein kräftiger Schuß Öl zugefügt wurde, in 15 Minuten garen.
Nebenher die Bohnen laut Packungsaufschrift garen.
Champignons putzen und in Scheiben schneiden.
Den Speck fein würfeln und in einer großen Pfanne oder feuerfesten Form auslassen. Die Butter zufügen und die Champignons darin so lange braten, bis sie keine Flüssigkeit mehr abgeben. Dann erst den in dünne Stifte geschnittenen Schinken dazugeben und noch kurz mitbraten.
Die Bohnen und die Nudeln abgießen, gut abtropfen lassen und mit der Pilz-Schinken-Masse in der Form mischen.
Die Eier mit der sauren Sahne verquirlen und pikant mit Salz, Pfeffer und Muskatnuß würzen.
Über die Nudelpfanne gießen und im vorgeheizten Backofen (220°, Gas Stufe 4) in etwa 10 Minuten stocken lassen. Dann sofort servieren.
Dazu grünen Salat in einer Kräutermarinade reichen.

Markgräfler Nudelgericht

4 Portionen à ca.
3305 kJ (790 kcal)

**300 g Kalbsniere,
300 g mageres
Kalbfleisch,
250 g frische
Champignons,
1 Zwiebel,
20 g Mehl,
50 g Butterschmalz,
1/8 l heiße Fleischbrühe,
1/8 l süße Sahne,
Salz,
schwarzer Pfeffer
aus der Mühle,
350 g Bandnudeln,
Salzwasser,
1 Bund Schnittlauch,
50 g geriebener
Emmentaler Käse.**

Kalbsniere gründlich abspülen, halbieren und von Fett und Röhren befreien. Dann 60 Min. in kaltes Wasser legen. Das Wasser zweimal erneuern.
Das Kalbfleisch schräg zur Faser mit einem sehr scharfen Messer feinblättrig schneiden. Die Champignons putzen, in einem Küchentuch abreiben und ebenfalls blättrig schneiden. Die Zwiebel schälen und hacken.
Die Kalbsniere abtropfen lassen und in dünne Scheiben schneiden. Nierenscheiben, Champignons und Kalbfleisch in Mehl wenden.
Butterschmalz in einem Topf erhitzen, die Zwiebel darin glasig braten.
Dann die Nieren, Pilze und das Fleisch dazugeben und unter Rühren 3 Minuten anbraten. Mit Fleischbrühe und Sahne aufgießen und mit Salz und Pfeffer würzen. Zugedeckt 15 Minuten köcheln lassen.
Nebenher die Bandnudeln in reichlich sprudelnd kochendem Salzwasser „al dente" (beißfest) kochen. Den Schnittlauch abspülen

und zu feinen Röllchen schneiden.
Die Nudeln abgießen, abtropfen lassen und in eine vorgewärmte Schüssel füllen. Das Ragout darüber verteilen. Mit Käse- und Schnittlauchröllchen bestreut servieren.
Dazu Tomatensalat mit frischem Zwiebelgrün in Essig-Öl-Marinade und einen kräftigen Rotwein reichen.

Variation:
Wer es pikanter liebt, ersetzt den Emmentaler Käse durch Greyerzer oder Appenzeller.

Dampfnudeln

4 Portionen à ca. 3095 kJ (740 kcal)

500 g Mehl,
100 g Zucker,
30 g Hefe,
¼ l lauwarme Milch,
1 Ei,
100 g Butter,
abgeriebene Schale einer unbehandelten Zitrone,
Salz,
Mehl zum Ausrollen und Formen,
¼ l Milch.

Mehl in eine Schüssel sieben und in die Mitte eine Vertiefung drücken. 1 Teel. Zucker, die zerbröselte Hefe und 4 Eßl. lauwarme Milch hineingeben. Mit etwas Mehl zum Vorteig verrühren und mit einem Küchentuch bedeckt an einem warmen Ort 20 Min. gehen lassen.
Dann die restliche lauwarme Milch, noch knapp 50 g Zucker, das Ei und 50 g zerlassene Butter dazugeben und alles zu einem geschmeidigen Teig kneten. Noch mal 15 bis 20 Minuten gehen lassen. In der Zeit muß sich die Teigmasse verdoppelt haben.
Erst jetzt Zitronenschale und eine Prise Salz einkneten. Den Teig auf der bemehlten Arbeitsfläche zu einer Rolle formen und in 12 Teile schneiden. Daraus runde Bälle formen und diese auf einem bemehlten Backbrett 30 Minuten aufgehen lassen.
In einem großen Topf mit gut schließendem Deckel die Milch mit der restlichen Butter und dem restlichen Zucker sowie einer Prise Salz aufkochen. Die Teigkugeln hineingeben. Den Deckel schließen und bei mittlerer Hitze in 20 Minuten garen. Den Deckel nicht öffnen, sonst fallen die „Nudeln“ zusammen. Erst wenn die Milch verdampft ist und es im Topf knistert, sind die Dampfnudeln fertig. Man kann sie heiß oder kalt servieren.
Dazu schmeckt Kompott, aber auch warme Vanille- oder Weinschaumsoße.

Tip *Wider Erwarten übriggebliebene Dampfnudeln schmecken als Frühstücksgebäck mit Konfitüre zu Kaffee oder nur mit Butter zu heißem Kakao.*

Dampfnudeln

Schwäbischer Nudelauflauf

4 Portionen à ca.
3370 kJ (805 kcal)

350 g weiße Bandnudeln (selbstgemacht, siehe Seite 10 „Eiernudeln“, oder vom Bäcker), Salzwasser, 250 g Bratenreste (ersatzweise Schinkenwurst), 125 g Butter, 5 Eier, 3 Eßl. Semmelbrösel, Salz, weißer Pfeffer, geriebene Muskatnuß, Semmelbrösel zum Ausstreuen.

Nudeln in reichlich sprudelnd kochendem Salzwasser 10 Minuten kochen.
In der Zwischenzeit die Bratenreste fein würfeln oder in Stifte schneiden.
Die Butter schmelzen und mit Eiern und den Semmelbröseln verquirlen.
Die abgegossenen, gut abgetropften Nudeln und die Bratenreste untermischen.
Eine mit etwas zerlassener Butter eingefettete Auflaufform mit Semmelbröseln ausstreuen. Den Auflauf hineinfüllen und im vorgeheizten Backofen (200°, Gas Stufe 3) 20 Min. überbacken.
Der Auflauf schmeckt mit Salat als Abendessen oder man serviert ihn zu gebratenem Kalbsbries oder mit einer Gemüseschüssel als Mittagessen.

Tip *Wer die Kombination Nudeln/Fisch mag, kann nach diesem Rezept den Auflauf mit Resten von Brat- oder Kochfisch zubereiten.*

Pilz-Nudel-Gericht

4 Portionen à ca.
3620 kJ (865 kcal)

500 g frische Waldpilze (besonders geeignet sind Pfifferlinge oder Steinpilze), 500 g schnittfeste Tomaten, 200 g Schinkenspeck, 400 g Makkaroni oder Hörnchennudeln, Salzwasser, 2 Zwiebeln, 1 Bund glatte Petersilie, 100 g Emmentaler Käse.

Pilze gründlich putzen, wenn nötig waschen und gut abtropfen lassen. Steinpilze u. ä. in etwa 1 cm dicke Scheiben schneiden.
Die Tomaten häuten, vierteln, entkernen, von den grünen Stengelansätzen befreien und in Streifen schneiden. Den Speck fein würfeln und bei nicht zu starker Hitze auslassen.
Makkaroni zweimal brechen. Salzwasser sprudelnd aufkochen und die Nudeln darin „al dente“ (beißfest) kochen.
Zwiebeln schälen und in Ringe schneiden. Zu dem Speck geben und goldgelb braten. Dann die Pilze und die Tomaten zufügen und unter Rühren etwa 10 Minuten braten.
Petersilie abspülen, trockenschwenken und hacken. Den Käse grob raffeln, nicht reiben.
Nudeln abgießen, abtropfen lassen und zu der Pilzmischung geben. In eine vorgewärmte Schüssel füllen und mit Petersilie bestreut servieren. Den Käse getrennt dazu reichen.
Zu diesem deftigen Gericht paßt ein kühles Bier besonders gut.

Lebernockerln in Bouillon

4 Portionen à ca.
960 kJ (230 kcal)

1 große Zwiebel,
20 g Butter,
1 altbackenes Brötchen,
Milch zum Einweichen,
125 g Rinderleber,
½ Bund Petersilie,
1 Ei,
3 Eßl. Semmelbrösel,
1 kräftige Prise getrockneter Majoran,
Salz,
schwarzer Pfeffer aus der Mühle,
Wasser,
2 l kräftige Rinderbouillon,
½ Bund Schnittlauch.

Zwiebel schälen, fein hacken und in der heißen Butter goldgelb braten.
Das Brötchen leicht entrinden und in Milch einweichen.
Die Leber wenn nötig häuten und von den Röhren befreien.
Petersilie abspülen, gut trockenschwenken und grob hacken.
Das Brötchen ausdrücken und alles durch den Fleischwolf (feine Scheibe) drehen. Dann mit dem Ei und den Semmelbrösel verkneten. Mit Majoran, Salz und Pfeffer abschmecken und 10 Minuten ruhen lassen.
Reichlich Salzwasser aufkochen. Von dem Teig mit 2 Teelöffeln kleine Nockerln abstechen und in dem Wasser so lange ziehen (nicht kochen!) lassen, bis sie nach oben steigen.
In der Zwischenzeit die Bouillon erhitzen. Den Schnittlauch abspülen, trockenschwenken und in Röllchen schneiden.
Die Nockerln mit einem Schaumlöffel herausnehmen, in eine vorgewärmte Schüssel geben, mit Bouillon aufgießen und mit Schnittlauch bestreut servieren.
Ohne weitere Beilage als Vorsuppe oder mit Landbrot als Hauptgang reichen.

Makkaroni mit Schinken

4 Portionen à ca.
3935 kJ (940 kcal)

350 g Makkaroni,
Salzwasser,
1 Schuß Öl,
1 Pckg. TK-Erbsen (300 g),
Salz,
weißer Pfeffer,
1 Prise Zucker,
½ Bund glatte Petersilie,
½ Bund Kerbel,
250 g gekochter Schinken ohne Fettrand,
100 g Butter,
⅛ l süße Sahne,
100 g geriebener Emmentaler Käse.

Makkaroni in reichlich sprudelnd kochendem Salzwasser, dem ein Schuß Öl zugefügt wurde, in etwa 15 Minuten weich kochen.
In der Zwischenzeit die Erbsen laut Packungsaufschrift in ganz wenig Wasser garen. Abgießen und mit Salz, Pfeffer und Zucker abschmecken.
Petersilie und Kerbel abspülen, trockenschwenken und hacken.
Den Schinken in ganz feine Streifen schneiden.
Butter und Sahne in einem Topf aufkochen, Käse einrühren und schmelzen lassen. Makkaroni abgießen und mit den vorbereiteten Zutaten mischen und servieren.
Dazu eine große Schüssel grünen oder Endiviensalat in einer leichten Kräutermarinade reichen.

Tip *Etwas ganz Besonderes wird das Gericht, wenn man statt des gekochten einen luftgetrockneten Schinken (z. B. Parma oder San Daniele) verwendet.*

Spaghetti mit Sardellen-Kräuter-Soße

Spaghetti mit buntem Gemüse

Spaghetti, Spaghetti...

manchmal einfach, manchmal raffiniert – doch immer köstlich

Rezepte Seite 46/47, 50

Spaghetti mit [G]orgonzola-Sahne

Spaghetti mit Kapernsoße

Spaghetti mit Tomatensoße

Spaghetti mit Gorgonzola-Sahne

4 Portionen à ca. 3345 kJ (800 kcal)

500 g Spaghetti, Salzwasser, 1 Schuß Öl, 200 g Gorgonzola, 100 g Crème fraîche (10 cl), 12 schwarze Oliven, 1 Bund glatte Petersilie, schwarzer Pfeffer aus der Mühle.

(Foto Seite 44/45)

Die Spaghetti in reichlich Salzwasser mit etwas Öl in 12 Minuten „al dente" (beißfest) kochen.
In der Zwischenzeit den Gorgonzola mit den Händen zerbröseln, nicht mit einer Gabel zerdrücken. Crème fraîche schaumigrühren und mit dem Käse mischen.
Die Oliven halbieren und entsteinen. Die Petersilie abspülen, trockenschwenken und grob hacken. Mit der Gorgonzola-Sahne mischen.
Die Spaghetti abgießen, abtropfen lassen und auf vier vorgewärmte Teller verteilen. Die Soße darübergeben. Mit reichlich Pfeffer übermahlen und sofort servieren.
Dazu einen kräftigen Weißwein reichen.

<u>Variation:</u>
Statt Petersilie sind auch Kerbel oder Basilikum für die Soße geeignet.

Spaghetti mit Sardellen-Kräuter-Soße

4 Portionen à ca. 2885 kJ (690 kcal)

1 Bund Basilikum, 1 Bund glatte Petersilie, 4 Knoblauchzehen, 100 g weißer Schafskäse, 50 g frisch geriebener Parmesankäse, 5 Eßl. bestes Olivenöl, einige Tropfen Weißweinessig, schwarzer Pfeffer, 400 g Spaghetti, Salzwasser, 1 Schuß Öl, 8 Sardellenfilets aus der Dose.

(Foto Seite 44/45)

Basilikum und Petersilie abspülen und ebenso wie die geschälten Knoblauchzehen hacken.
Den Käse mit einer Gabel ganz fein zerdrücken und mit Kräutern, Knoblauch und Parmesan vermischen. Tropfenweise das Olivenöl einschlagen. Die Soße mit Essig und Pfeffer würzen und 20 Min. stehen lassen.
In der Zwischenzeit die Spaghetti in reichlich sprudelnd kochendem Salzwasser, dem ein Schuß Öl zugefügt wurde, „al dente" (beißfest) kochen.
Die Sardellenfilets unter fließendem Wasser kurz abspülen und mit Haushaltspapier trockentupfen. Längs halbieren und mit der Soße vermischen, eventuell mit etwas Pfeffer nachwürzen.
Die Spaghetti abgießen, abtropfen lassen und auf vier vorgewärmte Teller verteilen. Mit der Soße übergießen und sofort servieren.
Dazu bunten Salat aus Tomaten, Paprika, Gurken, Zwiebeln, Zucchini und anderem Sommergemüse reichen.

Spaghetti mit Kapernsoße

4 Portionen à ca. 3830 kJ (915 kcal)

2 noch grüne Fleischtomaten, 2 Dosen Thunfisch in Öl, 2–3 Eßl. kleine Kapern, 1 Schalotte, 6 Stengel frischer Majoran, ½ Bund Basilikum, 4 Eßl. bestes Olivenöl, 2–3 Eßl. italienischer Rotweinessig, 500 g kurze Spaghetti, Salzwasser, 1 Schuß Öl.

(Foto Seite 44/45)

Tomaten waschen, halbieren, entkernen, von den grünen Stengelansätzen befreien und nicht zu fein hacken.
Den Thunfisch abgießen, das Öl jedoch auffangen. Thunfisch in etwa 2 cm große Würfel schneiden. Tomaten und Thunfisch mit den abgetropften Kapern und der ganz fein gehackten Schalotte mischen.
Majoran und Basilikum abspülen, je nach Belieben im Ganzen lassen oder hacken. Mit der Thunfischmischung vermengen. Das Thunfischöl mit Olivenöl und Essig glattrühren und unter die Mischung ziehen. Diese Soße eventuell mit Salz nachwürzen.
Spaghetti in reichlich Salzwasser mit einem Schuß Öl in 12 Minuten „al dente" (beißfest) kochen. Abgießen, ab tropfen lassen und auf vier Teller verteilen.
Die Spaghetti rasch mit der Soße vermischen und sofort servieren.
Dazu Tomatensalat mit Frühlingszwiebeln, Schafskäse und schwarzen Oliven reichen.

Spaghetti mit Tomatensoße

4 Portionen à ca. 2550 kJ (610 kcal)

4 Zwiebeln, 2 Knoblauchzehen, 2 Eßl. bestes Olivenöl, 600 g vollreife Suppentomaten, 1 Bund Basilikum, ⅛ l Weißwein, Salz, Zucker, 500 g Spaghetti, Salzwasser, 1 Schuß Öl.

(Foto Seite 44/45)

Zwiebeln und Knoblauchzehen schälen und fein hacken. In dem heißen Olivenöl anbraten, bis die Zwiebeln glasig sind.
Die Tomaten waschen, vierteln, grüne Stengelansätze entfernen.
Basilikum waschen, trokkenschwenken und hacken. Die Hälfte davon mit den Tomaten und dem Wein zu den Zwiebeln geben. Mit Salz und Zucker abschmecken, zugedeckt bei milder Hitze 30 Min. köcheln lassen.
Die Spaghetti in reichlich sprudelnd kochendem Salzwasser, dem ein Schuß Öl zugefügt wurde, in 12 Minuten „al dente" (beißfest) kochen.
Tomatensoße durch ein Sieb streichen, mit Salz, Zucker und dem restlichen, gehackten Basilikum nachwürzen.
Die Spaghetti abgießen, in einer vorgewärmten Schüssel mit der Hälfte der Soße vermischen und sofort servieren. Die restliche Soße getrennt reichen.
Dazu Parmesan- oder anderen geriebenen Käse auf den Tisch stellen. Als Getränk paßt ein leichter roter Landwein.

Spaghetti mit Spiegelei

4 Portionen à ca. 3285 kJ (785 kcal)

1000 g vollreife Fleisch- oder Flaschentomaten, 2 Zwiebeln, 2 Knoblauchzehen, 1 Bund glatte Petersilie, 8 Eßl. bestes Olivenöl, schwarzer Pfeffer aus der Mühle, 400 g Spaghetti, Salzwasser, 1 Schuß Olivenöl, 20 g Butter, 4 Eier.

Tomaten kochend überbrühen, abziehen, vierteln, entkernen und die grünen Stengelansätze entfernen. Fleisch fein hacken, ebenso die geschälten Zwiebeln, Knoblauchzehen und die zuvor abgespülte, trockengeschwenkte Petersilie. Alles in dem Olivenöl im eigenen Saft 35 Minuten schmoren und dicklich einkochen lassen. Kräftig mit Pfeffer würzen.
Die Spaghetti in reichlich Salzwasser, dem ein Schuß Olivenöl beigegeben wurde, in 12 Minuten „al dente" (beißfest) kochen.
Nebenher die Butter in einer großen Pfanne erhitzen, die Eier aufschlagen und als Spiegeleier braten. Nur das Eiweiß mit Salz würzen.
Soße mit Salz abschmekken. Spaghetti abgießen, abtropfen lassen und auf vorgewärmte Teller verteilen. Mit Tomatensoße übergießen und mit einem Ei belegen. Sofort auftragen. Parmesan nicht vergessen.
Dazu frischen Salat in Kräutermarinade reichen.

Spaghetti mit Muscheln

4 Portionen à ca. 3160 kJ (755 kcal)

250 g Zwiebeln, 2 Knoblauchzehen, 4 Eßl. bestes Olivenöl, 400 g vollreife Fleisch- oder Flaschentomaten, knapp ⅛ l herber Weißwein, 2 Eßl. Tomatenpüree, Salz, weißer Pfeffer aus der Mühle, 1 Prise Zucker, 4 Stengel frischer Thymian, 400 g Spaghetti, Salzwasser, 1 Schuß Olivenöl, 250 g Muscheln aus der Dose (Vongole oder Miesmuscheln naturelle), ½ Bund Basilikum.

Zwiebeln und Knoblauchzehen schälen und fein hacken. In dem Olivenöl glasig braten.
In der Zwischenzeit die Tomaten überbrühen, häuten, vierteln, entkernen und von den grünen Stengelansätzen befreien. Das Fruchtfleisch würfeln und zu den Zwiebeln geben. Mit Weißwein und Tomatenpüree mischen. Mit Salz, Pfeffer, Zucker und den von den Stielen gezupften Thymianblättchen würzen. Im offenen Topf bei milder Hitze 15 Minuten köcheln.
Nebenher die Spaghetti in reichlich Salzwasser, dem ein Schuß Öl beigegeben wurde, in 12 Minuten „al dente" (beißfest) kochen.
Die Muscheln mit ihrem Sud zu der Tomatensoße geben.
Basilikum abspülen, trockenschwenken und hacken.
Spaghetti abgießen, abtropfen lassen und auf vier vorgewärmten Tellern anrichten und die Soße darüber verteilen. Parmesankäse getrennt dazu servieren.
Als Getränk ist ein leichter Rotwein oder der Weißwein zu empfehlen, der auch zum Kochen verwendet wurde.

Spaghetti mit Spiegelei

Spaghetti mit Muscheln

Spaghetti alla Palermitana

Rezept Seite 50

Spaghetti alla Palermitana

4 Portionen à ca.
2825 kJ (675 kcal)

2 Auberginen à ca. 200 g, Salz, je 1 grüne und rote Paprikaschote, 4 Knoblauchzehen, 4 Eßl. bestes Olivenöl, 30 g Butter, 500 g vollreife Fleisch- oder Flaschentomaten, 1 Bund Basilikum, 400 g Spaghetti, Salzwasser, 1 Schuß Öl, 50 g frisch geriebener Parmesan.

(Foto Seite 49)

Die Auberginen waschen und in etwa 2 cm große Würfel schneiden, dabei die Stengelansätze entfernen. Auberginenwürfel mit reichlich Salz bestreuen und 10 Minuten Wasser ziehen lassen.
In der Zwischenzeit die Paprikaschoten putzen und fein würfeln. Die Knoblauchzehen schälen und ganz fein hacken, nicht durch die Presse drücken.
Auberginen kurz unter fließendem Wasser abspülen, dann mit einem Küchentuch vorsichtig trockentupfen.
Olivenöl und Butter in einem großen Topf erhitzen. Auberginen, Paprika und Knoblauch hineingeben und bei nicht zu starker Hitze 5 Minuten anbraten.
Die Tomaten kochend überbrühen, abziehen, von den grünen Stengelansätzen befreien und achteln. In den Topf geben.
Basilikum abspülen, trockenschwenken und hacken. Auch zu dem Gemüse geben. Mit Salz abschmecken und bei milder Hitze 15 Minuten schmoren lassen.
In der Zwischenzeit die Spaghetti in reichlich Salzwasser, dem ein Schuß Öl beigegeben wurde, in 12 Minuten „al dente" (beißfest) kochen. Abgießen, abtropfen lassen und in eine vorgewärmte Schüssel geben. Das Gemüseragout darüber verteilen und mit dem Parmesan bestreuen. Sofort servieren.
Zu diesem Gericht nur Salate oder zusätzlich ein dünnes Kalbsschnitzel „nature" oder kleine gegrillte Hackfleischwürstchen reichen. Als Getränk ist ein leichter italienischer Landwein richtig.

Spaghetti mit buntem Gemüse

4 Portionen à ca.
2450 kJ (585 kcal)

2 feste, reife Fleischtomaten, je 1 grüne und rote Paprikaschote, 1 Salatgurke, 1 Zwiebel, 2 Knoblauchzehen,

Tomaten mit kochendem Wasser überbrühen und abziehen.
Die Paprikaschoten so lange in den erhitzten Backofen (250°, Gas Stufe 6) legen, bis die Haut ganz schrumplig ist. Einige Minuten unter einem feuchten Küchentuch ruhen lassen, dann läßt sich die Haut ganz leicht abziehen.
Die Salatgurke waschen, halbieren und entkernen. Ebenso wie die entkernten Tomaten und die entkernten Paprikaschoten

**6 Eßl. Olivenöl,
500 g Spaghetti,
Salzwasser,
1 Schuß Öl,
1 bis 2 Teel. Essig,
Salz,
weißer Pfeffer
aus der Mühle.**

(Foto Seite 44/45)

fein würfeln. Zwiebel und Knoblauchzehen schälen und ganz fein hacken.
Das Olivenöl in einem Topf erhitzen, das vorbereitete Gemüse hineingeben und bei nicht zu starker Hitze im eigenen Saft schmoren lassen.
Mit Salz und Pfeffer abschmecken.
Die Spaghetti in dem sprudelnd kochenden Salzwasser mit einem Schuß Öl in 12 Minuten „al dente" (beißfest) kochen. Abgießen, abtropfen lassen und in eine vorgewärmte Schüssel geben. Mit der Gemüsemischung vermengen und rasch servieren.
Dazu frisch geriebenen Parmesankäse und einen leichten Weißwein reichen. Die Spaghetti eignen sich auch als Beilage zu kurzgebratenem Fleisch.

Pastasciutta einfach

4 Portionen à ca. 4350 kJ (1040 kcal)

**4 Zwiebeln,
1 Bund Suppengrün,
125 g Schinkenspeck,
3 Eßl. bestes Olivenöl,
300 g Beefsteakhack,
4 Eßl. Tomatenmark,
1/8 l Wasser,
1 Teel. gekörnte Fleischbrühe (Instant),
Salz,
schwarzer Pfeffer
aus der Mühle,
1 Eßl. Paprika edelsüß,
1/2 Teel. getrockneter Oregano,
1/2 Teel. gerebelter Thymian,
500 g Spaghetti,
Salzwasser,
30 g Butter,
50 g geriebener Parmesankäse.**

Zwiebeln schälen und hacken. Das Suppengrün putzen, abspülen und ebenfalls hacken.
Den Speck möglichst klein würfeln, das Olivenöl in einem flachen Topf erhitzen, den Speck auslassen, dann Zwiebeln und Suppengrün darin anrösten. Das Fleisch dazugeben und unter Rühren braten, bis es ganz krümelig geworden ist.
Tomatenmark und Wasser unterrühren. Mit Fleischbrühe (Instant), Salz, Pfeffer, Paprika, Oregano und Thymian würzen und bei mittlerer Hitze zugedeckt 60 Minuten köcheln lassen.
15 Minuten vor Ende der Garzeit die Spaghetti in reichlich sprudelnd kochendes Salzwasser geben und „al dente" (beißfest) kochen. Die Spaghetti abgießen, ganz kurz kalt abschrecken und gründlich abtropfen lassen.
Die Butter in dem Kochtopf erhitzen, die Spaghetti durchschwenken, dann abwechselnd mit der Soße in eine vorgewärmte Schüssel schichten. Mit Parmesan bestreuen und sofort servieren.
Dazu Salat aus Gurken, Tomaten, Fenchel und Kopfsalat in einer Essig-Kräuter-Marinade reichen.

Tip *Dieses „Ragu" schmeckt um so besser, je länger es schmort. Man kann es schon am Morgen zubereiten und läßt es bis zum Mittag mit kleinster Hitze sachte „schmurgeln".*

Spaghetti mit Senfleber

4 Portionen à ca. 3515 kJ (840 kcal)

4 Scheiben Kalbsleber à ca. 150 g, 1 Eßl. Senfkörner, 2 Eßl. Mehl, 20 g Butterschmalz, 50 g Butter, 400 g Spaghetti, Salzwasser, 1 Schuß Olivenöl, 2 Zwiebeln, 1 Eßl. gehackte Petersilie, 1/8 l Weißwein, 1/8 l Crème fraîche, Salz, scharfer Senf, Zucker, 2 schnittfeste Tomaten, einige Stengel frisches Basilikum.

Leber wenn nötig häuten, von Röhren und Sehnen befreien. Mit Haushaltspapier abtupfen. Senfkörner grob zerstoßen und mit dem Mehl mischen. Die Leberscheiben darin wenden. Butterschmalz und 20 g Butter in einer großen Pfanne erhitzen und die Lebern darin auf jeder Seite 4 bis 5 Minuten braten.
Nebenher die Spaghetti zubereiten: Das Salzwasser mit dem Öl aufkochen, die Spaghetti hineingleiten lassen und 8 bis 10 Minuten sprudelnd kochen lassen.
Die fertige Leber warm stellen. Die gehackten Zwiebeln in dem Bratfond goldgelb braten. Mit 4 Eßl. Wasser und dem Wein loskochen. Etwas einkochen lassen, dann die Crème fraîche und die restliche Butter dazugeben. Die Soße leicht sämig werden lassen. Mit Salz, Senf und Zucker abschmecken.
Die Tomaten häuten, vierteln, entkernen und hakken. Die Basilikumblätter von den Stielen zupfen. Beides in die Soße geben. Die Spaghetti abgießen und abtropfen lassen. Mit der Soße mischen. Auf Tellern anrichten und die mit Salz gewürzten Leberscheiben dazugeben. Dazu grünen Salat in Kräutermarinade reichen.

Spaghetti-Nester mit Kalbsmedaillons

4 Portionen à ca. 4100 kJ (980 kcal)

8 Kalbsmedaillons à ca. 90 g, schwarzer Pfeffer aus der Mühle, 2 Eßl. Olivenöl, 20 g Butter, 300 g Spaghetti, Salzwasser, 1 Schuß Öl, 1 kleine Dose Spargelköpfe (200 g), 4 Scheiben gekochter Schinken, 1 Rezept Tomatensoße (siehe Seite 26).

Kalbsmedaillons leicht klopfen, mit Pfeffer einreiben und in einer Mischung aus Olivenöl und Butter auf beiden Seiten etwa 4 Minuten braten.
Nebenher die Spaghetti in reichlich Salzwasser, dem ein Schuß Olivenöl beigegeben wurde, „al dente" (beißfest) kochen.
Die Spargelköpfe in ihrem eigenen Saft erhitzen. Dann abtropfen lassen und in den Schinken wickeln.
Die Spaghetti abgießen und zu vier Nestern formen. Auf einer vorgewärmten Platte anrichten. Die Kalbsmedaillons mit Salz würzen, je 2 in ein „Nest" legen und mit einem Schinkenröllchen belegen. Die Tomatensoße um die Nester gießen. Sofort servieren.
Dazu gemischten Salat der Saison reichen. Als Getränk schmeckt ein leichter, kühler Rosé dazu.

Spaghetti
mit Senfleber

Spaghetti-Nester
mit Kalbsmedaillons

Spaghetti nach Art der Abruzzenbauern

4 Portionen à ca. 3390 kJ (810 kcal)

500 g kurze, dünne Spaghetti, Salzwasser, gut 1/8 l bestes Olivenöl, 2 kleine Zwiebeln, 4 Knoblauchzehen, 1 Bund glatte Petersilie, 1 kräftige Prise Oregano (ersatzweise Majoran, dann aber 1 Teel. frischer), 3 Eßl. frische Semmelbrösel.

Spaghetti in dem kräftig gesalzenen Wasser, dem ein Schuß Olivenöl beigegeben wurde, in 10 Minuten „al dente" (beißfest) kochen.
In der Zwischenzeit die Zwiebeln und die Knoblauchzehen schälen. Beides in dünne Scheiben schneiden. Von dem Öl 4 Eßl. abnehmen. Den Rest in einem Topf erhitzen, Zwiebeln darin goldgelb braten. Dann erst die Knoblauchzehen und die zuvor abgespülte, trokkengeschwenkte und grob gehackte Petersilie dazugeben und alles unter Rühren noch 2 Minuten braten.
Spaghetti abgießen, abtropfen lassen, unter die Zwiebel-Öl-Mischung rühren. Mit Oregano und eventuell etwas Salz abschmecken.
Das abgenommene Öl erhitzen und die Semmelbrösel darin goldbraun rösten. Die Spaghetti in eine Schüssel füllen, mit den Bröseln bestreuen und servieren.
Diese Spaghetti schmekken mit einem kräftigen Weißwein als Vorspeise oder als Hauptgericht. Dann sollte man jedoch auf eine Schüssel Salat (Tomaten, Paprika, Römischer Salat, Fenchel gemischt) nicht verzichten.

Spaghetti alla Carbonara

4 Portionen à ca. 3700 kJ (885 kcal)

400 g kurze Spaghetti, Salzwasser, 125 g durchwachsener Speck, 1 Eßl. Olivenöl, 3 Eier, 3 Eigelb, 1/8 l Sahne, 75 g frisch geriebener Parmesan- oder Pecorinokäse, schwarzer Pfeffer aus der Mühle.

Spaghetti in dem sprudelnd kochenden Wasser in 10 Minuten „al dente" (beißfest) kochen.
In der Zwischenzeit den zuvor feingewürfelten Speck in dem Olivenöl bei nicht zu starker Hitze glasig braten. In einer Schüssel die Eier mit den Eigelb, der Sahne und dem Parmesan verrühren.
Die Spaghetti abgießen, abtropfen lassen und sofort gründlich mit der Eimischung vermengen. Den heißen Speck darübergießen und mit Pfeffer reichlich übermahlen. Sofort servieren.
Dazu Tomatensalat mit gehackten Zwiebeln und Basilikum reichen.

Tip *Es ist zwar nicht stilecht, schmeckt aber gut, wenn die Spaghetti mit jungen Erbsen oder Artischockenherzen gemischt werden.*

Spaghetti mit Sardellensoße

4 Portionen à ca.
3010 kJ (720 kcal)

**2 kleine Fenchelknollen (ca. 250 g),
1/8 l Wasser,
Salz,
4 kleine Zwiebeln,
4 Eßl. Olivenöl,
4 Eßl. Tomatenpüree,
4 Eßl. Pinienkerne,
100 g Sardellenfilets,
1/8 l Sahne,
weißer Pfeffer aus der Mühle,
400 g Spaghetti,
Salzwasser,
1 Schuß bestes Olivenöl.**

Fenchel putzen, vierteln und in dem kräftig gesalzenen Wasser so lange kochen, bis er glasig ist. Abtropfen lassen – das Wasser aufheben –, den Fenchel hacken.
Die geschälten Zwiebeln fein hacken und in dem heißen Olivenöl goldgelb braten. Den Fenchel, das Tomatenpüree und die Pinienkerne dazugeben. Unter Rühren 5 Minuten dünsten lassen.
Dann erst die zuvor gründlich gewässerten, abgetropften und feingehackten Sardellen, die Sahne und das Kochwasser dazugeben. Die Soße bei milder Hitze 20 Minuten köcheln und dabei sämig einkochen lassen. Mit Pfeffer würzen.
Während die Soße kocht, die Spaghetti in dem Salzwasser mit Olivenöl in 10 bis 12 Minuten „al dente" (beißfest) kochen. Abgießen und gründlich abtropfen lassen. In eine vorgewärmte Schüssel füllen und mit der Soße mischen. Sofort servieren. Dazu Römischen Salat mit Zwiebeln in einer Essig-Öl-Marinade reichen.

Variation:

Nur 50 g Sardellenfilets und dazu 50 g Ölsardinen in die Soße geben.

Spaghetti Milanese

4 Portionen à ca.
4165 kJ (995 kcal)

**400 g kurze Spaghetti,
Salzwasser,
1 Schuß Olivenöl,
250 g gekochter Schinken,
100 g Butter,
1 Knoblauchzehe,
1/4 l Sahne,
Salz,
schwarzer Pfeffer aus der Mühle,
Parmesan nach Belieben.**

Die Spaghetti in sprudelnd kochendem Salzwasser, dem ein Schuß Olivenöl beigegeben wurde, in 12 Minuten „al dente" (beißfest) kochen.
In der Zwischenzeit den Schinken grob hacken. Die Butter in einem Stieltopf erhitzen und die geschälte Knoblauchzehe darin braten, bis sie Farbe genommen hat. Dann entfernen. Den Schinken hineingeben und ganz leicht Farbe nehmen lassen. Mit der Sahne aufgießen und alles einmal aufkochen. Die Soße mit Salz pikant abschmecken.
Spaghetti abgießen, abtropfen lassen, in eine vorgewärmte Schüssel geben und sofort mit der Schinken-Sahne-Soße mischen, mit reichlich Pfeffer übermahlen. Käse getrennt dazu reichen.
Zu den Spaghetti schmeckt ein Tomatensalat mit Basilikum und feingehackten Zwiebeln in einer Marinade aus reichlich Olivenöl und wenig Essig.

Grüne Spaghetti mit Kräuterbutter

4 Portionen à ca.
3245 kJ (775 kcal)

4 Frühlingszwiebeln, 500 g frische Champignons (möglichst kleine), 100 g fertig gekaufte Kräuterbutter, 500 g grüne Spaghetti, Salzwasser, 1 Knoblauchzehe, 2 Eßl. Olivenöl, geschroteter schwarzer Pfeffer.

Frühlingszwiebeln putzen, die weißen Knollen vierteln, das Grün in Ringe schneiden. Die Champignons wenn nötig waschen, abtropfen lassen und vierteln.
50 g Kräuterbutter in einer Pfanne erhitzen (den Rest ins Gefrierfach legen). Die Zwiebeln und die Champignons darin unter häufigem Rühren so lange braten, bis alle Flüssigkeit verdampft ist.
Nebenher die Spaghetti kochen: Das Salzwasser mit der geschälten Knoblauchzehe zum Kochen bringen und die Spaghetti hineingleiten lassen. Kurz umrühren. In 9 bis 10 Minuten „al dente" (beißfest) kochen, sofort abgießen, gründlich abtropfen lassen und in eine vorgewärmte Schüssel geben. Mit der Zwiebel-Champignon-Mischung gründlich vermengen, mit der restlichen Kräuterbutter belegen und sofort servieren.
Dazu passen Lammkoteletts, Reh- oder Hirschsteaks.

Spaghetti mit Räucherlachs

4 Portionen à ca.
2010 kJ (480 kcal)

400 g kurze Spaghetti, Salzwasser, 3 Eßl. bestes Olivenöl, 1 kleine Dose grüner Spargel (400 ml), 1 Eßl. Sherryessig, 2 Eßl. trockener Weißwein, 100 g echter Räucherlachs in Scheiben, 2 Teel. gehackte Dillspitzen, schwarzer Pfeffer aus der Mühle.

Spaghetti in Salzwasser in 12 Minuten „al dente" (beißfest) kochen.
5 Minuten vor Ende der Garzeit 1 Eßlöffel Olivenöl dazugeben.
Während die Spaghetti kochen, den Spargel abgießen und in 3 cm lange Stücke schneiden. Das restliche Olivenöl mit Sherryessig und Weißwein bis kurz vorm Kochen erhitzen und die Spargelstücke darin erwärmen.
Den Lachs in 2 cm lange und 1 cm breite Streifen schneiden.
Die Spaghetti abgießen, in vier Portionen teilen und auf vorgewärmte Teller geben. Rasch mit je einem Viertel der Spargelstücke (mit Flüssigkeit) und mit je 25 g Lachs mischen. Mit Dillspitzen bestreuen und mit wenig Pfeffer übermahlen. Sofort auftragen.
Mit trockenem Weißwein als Hauptgang eines italienischen Menüs servieren.

Tip *Dieses Gericht ist so fein, daß es auch als Vorspeise gereicht werden kann. Dann ist es für 6 Personen ausreichend.*

Grüne Spaghetti
mit Kräuterbutter

Spaghetti alla Marinara

6 Portionen à ca.
3235 kJ (770 kcal)

1000 g tiefgekühlte Venusmuscheln (Vongole) mit Schale,
1000 g frische Miesmuscheln in der Schale,
2 Knoblauchzehen,
1 Zwiebel,
1 Eßl. Olivenöl,
125 g Butter,
¼ l Weißwein,
¼ l Wasser,
Salz,
300 g tiefgekühltes, gereinigtes Tintenfischfleisch,
300 g tiefgekühltes Seezungenfilet,
1 Bund Suppengrün,
1 Bund glatte Petersilie,
1 Bund Kerbel,
1 Dose Tomaten (800 g),
5 frische Salbeiblätter,
1 Prise Zucker,
schwarzer Pfeffer aus der Mühle.
500 g lange Spaghetti,
Salzwasser,
1 kräftiger Schuß Öl.

Venusmuscheln auftauen lassen. Die Miesmuscheln unter fließend kaltem Wasser gründlich abbürsten. Offene Muscheln fortwerfen.
Knoblauchzehen und Zwiebel schälen und grob hacken. In einem sehr großen Topf Öl und 1 Eßl. Butter erhitzen, Knoblauch und Zwiebel darin glasig braten. Weißwein und Wasser dazugeben, leicht salzen und aufkochen.
Zuerst die Venusmuscheln darin zugedeckt etwa 7 Minuten kochen. Den Topf dabei hin und wieder rütteln, damit die Muscheln gleichmäßig garen. Mit einem Schaumlöffel herausnehmen und beiseite stellen.
Nun die Miesmuscheln ebenfalls in dem Sud 10 Minuten garen, herausnehmen und beiseite stellen. Muscheln, die sich nicht geöffnet haben, fortwerfen.
Tintenfischfleisch und Seezungenfilets mit etwas Salz bestreuen und auftauen lassen.
Suppengrün, Petersilie und Kerbel putzen, abspülen, trockenschwenken und fein hacken. In 2 Eßl. Butter ganz kurz andünsten.
Die Tomaten hacken, mit ihrem Saft und dem Muschelsud zu den Kräutern geben. 30 Minuten bei milder Hitze köcheln lassen. 5 Minuten vor Ende der Garzeit die in Streifen geschnittenen Salbeiblättchen dazugeben. Dann erst die Soße mit Salz, Zucker und Pfeffer abschmecken.
Während die Soße kocht, die restliche Butter in einer Pfanne erhitzen und die Seezungenfilets darin auf beiden Seiten 2 Minuten braten. Herausnehmen und beiseite stellen.
Die Tintenfische in Ringe schneiden und in der Butter unter häufigem Rühren 10 Minuten mehr dünsten als braten.
Die Spaghetti in reichlich sprudelnd kochendem Salzwasser, dem ein Schuß Öl zugefügt wurde, „al dente" (beißfest) kochen. In der Zeit die Muscheln aus den Schalen brechen.
Spaghetti abgießen, abtropfen lassen und in eine große, vorgewärmte Schüssel füllen. Alle übrigen Zutaten rasch untermischen und das Gericht sofort servieren. Eventuell mit einigen Muschelschalen garnieren.
Dazu frisches Stangenweißbrot und trockenen Weißwein reichen, am besten den, den man zum Kochen verwendet hat.

Spaghetti mit Speck

4 Portionen à ca. 3055 kJ (730 kcal)

125 g durchwachsener Speck, 2 Zwiebeln, 400 g vollreife Fleischtomaten, je ½ Bund glatte Petersilie und Basilikum, einige Zweige frischer Thymian, Salz, schwarzer Pfeffer aus der Mühle, 500 g kurze Spaghetti, Salzwasser, 1 Schuß Olivenöl, 2 Eßl. Crème fraîche.

Speck fein würfeln und in einer tiefen Pfanne auslassen. Die geschälten, in Scheiben geschnittenen Zwiebeln darin goldgelb braten.
Die Tomaten häuten, vierteln, entkernen und von den grünen Stengelansätzen befreien. Das Fruchtfleisch würfeln und zu den Zwiebeln geben.
5 Minuten schmoren lassen.
Die Kräuter abspülen, trockenschwenken und hacken. Zu der Specksoße geben. Mit Salz und Pfeffer abschmecken.
Während die Soße bereitet wird, die Spaghetti in sprudelnd kochendem Salzwasser, dem ein Schuß Olivenöl beigegeben wurde, in 12 Minuten „al dente" (beißfest) kochen. Abgießen, gründlich abtropfen lassen, in eine vorgewärmte Schüssel füllen und rasch mit der Specksoße mischen.
Die Crème fraîche als dicken Klecks obenauf setzen, erst bei Tisch untermischen.
Dazu beliebigen geriebenen Käse und frischen Salat der Saison reichen.

Spaghetti alla Primavera

4 Portionen à ca. 3305 kJ (790 kcal)

2 grüne Paprikaschoten, 4 feste Fleischtomaten, 2 mittelgroße Fenchelknollen, 2 kleine Zwiebeln, 2 Knoblauchzehen, 150 g mit Pimientos gefüllte grüne Oliven, ⅛ l allerbestes Olivenöl, Salz, schwarzer Pfeffer aus der Mühle, 1 Teel. getrockneter Oregano, 400 g Spaghetti, Salzwasser, 1 Schuß Öl.

Paprikaschoten putzen und abspülen. Tomaten waschen, vierteln und von den grünen Stengelansätzen befreien. Den Fenchel ebenfalls putzen. Dann alles in kleine Würfel schneiden.
Die geschälten Zwiebeln und Knoblauchzehen fein hacken. Die Oliven in Scheiben schneiden.
Alles mit dem Olivenöl vermischen und mit Salz, Pfeffer und Oregano abschmecken. Etwa 20 Minuten ziehen lassen.
Die Spaghetti in reichlich sprudelnd kochendem Salzwasser, dem ein Schuß Öl zugefügt wurde, „al dente" (beißfest) kochen.
Die Gemüsemischung noch mal nachwürzen. Die Spaghetti abgießen, abtropfen lassen, sofort mit dem Gemüse mischen und in einer vorgewärmten Schüssel servieren.
Dazu schmeckt ein leichter, aber trockener Weißwein.
Man kann dieses Spaghetti-Gericht auch als Beilage zu kurzgebratenem Fleisch oder gegrilltem Fisch reichen.

Spaghetti mit Artischocken

4 Portionen à ca.
6190 kJ (1480 kcal)

**12 junge, zarte Artischocken,
2 Eßl. Zitronensaft,
250 g mild geräucherter Schinkenspeck,
20 g Butter,
2 kleine Zwiebeln,
500 g Spaghetti,
Salzwasser,
1 Knoblauchzehe,
2 Eßl. Olivenöl,
⅛ l süße Sahne,
100 g Crème fraîche,
1 Bund Basilikum,
1 Bund glatte Petersilie,
75 g frisch geriebener Parmesankäse,
Salz,
schwarzer Pfeffer aus der Mühle,
4 Eigelb.**

Artischocken von den harten Außenblättern befreien, die harten Blattspitzen und die Stengel abschneiden. Die Artischocken vierteln und sofort in mit Zitronensaft gemischtes Wasser legen, bis alle fertig sind.
Den Schinkenspeck fein würfeln, die Butter in einem Stieltopf erhitzen und den Speck darin bei nicht zu starker Hitze auslassen. Die geschälten, feingehackten Zwiebeln dazugeben und glasig braten. Dann die gut abgetropften und trockengetupften Artischocken darin in 4 Minuten gardünsten.
Nebenher die Spaghetti kochen. Das Salzwasser mit der geschälten, halbierten Knoblauchzehe und dem Olivenöl aufkochen, die Spaghetti hineingleiten lassen und in 10 Minuten „al dente" (beißfest) kochen.
Sahne und Crème fraîche zu den Artischocken geben und alles noch 5 bis 6 Minuten köcheln lassen.
Basilikum und Petersilie abspülen, trockenschwenken und fein hacken. Die Artischocken vom Herd nehmen, mit den Kräutern und dem Käse vermischen und mit Salz abschmecken.
Spaghetti abgießen, abtropfen lassen und rasch auf vier vorgewärmten Tellern anrichten. Die Artischocken und die Soße gleichmäßig darüber verteilen, mit reichlich Pfeffer übermahlen. In die Mitte eines jeden Tellers ein Eigelb geben, das erst bei Tisch untergemischt wird.
Zu diesem Gericht schmeckt ein spritziger trockener Weißwein.

Spaghetti mit Lachskaviar

4 Portionen à ca.
2740 kJ (655 kcal)

**400 g kurze Spaghetti,
Salzwasser,
1 Schuß geschmacksneutrales Öl,
100 g Keta-Kaviar (Lachskaviar),
1 Becher Crème fraîche (200 g),
grob geschroteter schwarzer Pfeffer.**

Spaghetti in dem kräftig gesalzenen Wasser in 12 Minuten „al dente" (beißfest) kochen. 5 Min. vor Ende der Garzeit das Öl dazugeben.
Die Spaghetti abgießen, gründlich abtropfen lassen und auf vier vorgewärmte Teller verteilen. Rasch mit je 25 g Kaviar und einem Viertel der Crème fraîche mischen.
Mit Pfeffer sparsam bestreuen und sofort auftragen.
Mit einem kräftigen, trockenen Weißwein als Vorspeise reichen.

Spaghetti
mit Artischocken

Spaghetti mit andalusischer Soße

4 Portionen à ca. 3160 kJ (755 kcal)

1 kleine Zwiebel, 2 Knoblauchzehen, 2 Sardellenfilets, 50 g mit Pimientos gefüllte grüne Oliven, 2 Eßl. Kapern, ½ Bund glatte Petersilie, ¼ l dicke saure Sahne oder Crème fraîche, Zitronensaft, Salz, schwarzer Pfeffer aus der Mühle, 500 g Spaghetti, Salzwasser, 1 Schuß Olivenöl.

Zwiebel und Knoblauchzehen schälen und ganz fein hacken. Die Sardellenfilets gründlich unter fließendem Wasser abspülen, mit Haushaltspapier trockentupfen und ebenso wie die Oliven, die abgetropften Kapern und die abgespülte, trockengeschwenkte Petersilie hacken. Alles miteinander mischen und mit der sauren Sahne oder Crème fraîche verrühren. Mit Zitronensaft, Salz und Pfeffer abschmecken. 20 Minuten bei Zimmertemperatur ziehen lassen.

In der Zwischenzeit die Spaghetti in reichlich sprudelnd kochendem Salzwasser, dem ein Schuß Öl zugefügt wurde, in 12 Minuten „al dente" (beißfest) kochen, abgießen und abtropfen lassen. In eine vorgewärmte Schüssel füllen und sofort mit der Soße vermischen. Rasch auftragen.

Dazu Tomatensalat in einer Essig-Öl-Marinade mit reichlich Schnittlauch servieren.

Spaghetti-Gemüse-Platte

4 Portionen à ca. 5145 kJ (1230 kcal)

200 g Schinkenspeck, 4 Zwiebeln, 3 Knoblauchzehen, ¼ l Olivenöl, 1 große Dose geschälte Tomaten (800 g), 1 Bund Petersilie, 1 Pfefferschote (Peperoni), Salz, Paprika rosenscharf, je 400 g Auberginen und Zucchini, 500 g lange Spaghetti, 2 Dosen Miesmuscheln in scharfer Soße, 200 g Scampi, 4 Sardellenfilets, 12 schwarze Oliven, ½ Bund Basilikum.

Schinkenspeck fein würfeln und in einem Topf auslassen. Die geschälten, feingehackten Zwiebeln und die geschälten, durch die Presse gedrückten Knoblauchzehen darin glasig braten. 2 Eßl. Olivenöl dazugeben.

Dann die gehackten Tomaten mit ihrem Saft.

Alles im offenen Topf bei milder Hitze gut 2 Stunden schmoren lassen.

Nach 60 Minuten die abgespülte, trockengeschwenkte und gehackte Petersilie und die entkernte, ebenfalls gehackte Pfefferschote dazugeben. Die Soße mit Salz und Paprika pikant abschmecken.

Nebenher die gewaschenen und abgetropften Auberginen und Zucchini in Scheiben schneiden und nach und nach in Öl knusprig braun braten. Auf Haushaltspapier abfetten lassen, salzen und warm stellen.

Die Spaghetti in reichlich Salzwasser, dem 2 Eßl. Öl beigegeben wurden, in 8 bis 10 Minuten „al dente" (beißfest) kochen. Die Miesmuscheln im eigenen Saft erwärmen. Die Scampi in ganz wenig heißem Öl kurz durchschwenken.

Sardellenfilets kurz abspülen und halbieren. Spaghetti abgießen, gründlich abtropfen lassen und auf einer großen, tiefen Platte anrichten. Mit der Tomatensoße übergießen. Darauf die Auberginen- und Zucchinischeiben verteilen. Darüber die Muscheln und Scampi geben. Mit zu Röllchen gedrehten Sardellenfilets, halbierten, entsteinten Oliven und den abgespülten, abgezupften Basilikumblättchen garnieren. Sofort auftragen.
Dazu einen trockenen italienischen Weißwein, zum Beispiel alten Frascati, servieren.

Spaghetti mit Knoblauch und Peperoni

4 Portionen à ca. 2970 kJ (710 kcal)

3 bis 4 grüne oder rote Peperoni (Chilischoten), 4 Knoblauchzehen, 2 Zwiebeln, 6 Eßl. bestes Olivenöl, 1 große Dose Tomaten (800 g), Salz, 500 g Spaghetti, Salzwasser, 1 Schuß Olivenöl, 1 Bund frisches Basilikum.

Peperoni längs halbieren, Stengelansätze und Kerne entfernen. Fruchtfleisch fein hacken. Knoblauchzehen und Zwiebeln schälen und ebenfalls hacken.
Das Olivenöl in einem Topf nicht zu stark erhitzen. Peperoni, Knoblauch und Zwiebeln darin unter häufigem Rühren 5 Minuten mehr dünsten als braten.
Die Tomaten abgießen (Saft anderweitig verwenden) und hacken, in den Topf geben und alles im offenen Topf 15 Minuten köcheln lassen. Mit Salz abschmecken.
Spaghetti in reichlich Salzwasser, dem ein kräftiger Schuß Olivenöl beigegeben wurde, in 12 Minuten „al dente" (beißfest) kochen. Abgießen, abtropfen lassen und in eine vorgewärmte Schüssel geben.
Basilikum abspülen, trockenschwenken und die Blätter fein hacken. Unter die Soße mischen. Soße über die Spaghetti gießen und sofort servieren. Erst bei Tisch vermengen.
Dazu Parmesankäse und Römischen Salat in einer einfachen Essig-Öl-Marinade mit frischen gehackten Zwiebeln reichen.

Tip *Zum Putzen und Hacken der Peperoni unbedingt Gummihandschuhe anziehen. Die Hände können sonst unangenehm brennen. Sind keine frischen Peperoni zu bekommen, kann man auch getrocknete Pfefferschoten nehmen. Sie werden unzerteilt verwendet und vor dem Servieren aus der Soße genommen.*

Leckerer Inhalt
in schlichter Hülle –
Kombinationen,
die jeder mag
Nudelteig
gefüllt

Tortellini
con Melanzane
e Zucchini

Rezept nächste Seite

Tortellini con Melanzane e Zucchini

(Teigtaschen mit Auberginen und Zucchini)

4 Portionen à ca. 3995 kJ (955 kcal)

400 g Weizenmehl,
4 Eier,
1 Eßl. Öl,
½ Teel. Salz,
1–2 Eßl. lauwarmes Wasser,
100 g Hähnchenreste,
100 g Bratenreste vom Kalb oder Schwein,
50 g Parmaschinken,
1 kleine Zwiebel,
150 g Mozzarellakäse,
schwarzer Pfeffer aus der Mühle,
Salzwasser,
1 Schuß Öl,
2 große Auberginen,
1 Zwiebel,
2 Knoblauchzehen,
4 Eßl. bestes Olivenöl,
2 Zucchini,
500 g vollreife Fleischtomaten,
1 Prise Zucker,
etwas getrocknetes Basilikum.

(Foto Seite 64/65)

Nach Grundrezept (siehe Seite 70 „Tortellini con Ricotta") aus Mehl, Eiern, Öl, Salz und Wasser die Tortellini herstellen.
Für die Füllung beide Fleischsorten ganz fein hacken oder durch den Fleischwolf (grobe Scheibe) drehen. Den Schinken und die Zwiebel ebenfalls ganz fein hacken, den Mozzarella etwas grober. Alles gut miteinander mischen und mit Pfeffer pikant abschmecken.
Die Tortellini damit füllen und in reichlich sprudelnd kochendem Salzwasser, dem ein Schuß Öl zugefügt wurde, in 6 bis 7 Minuten garen.
Die Füllung wird übrigens ebenso wie die nachfolgende Soße schon zubereitet, während die Tortellini noch trocknen.
Für die Soße die Auberginen putzen und in etwa 2 mm dünne Scheiben schneiden. Dick mit Salz bestreuen und 10 Minuten Wasser ziehen lassen. Dann gründlich abspülen, abtrocknen und achteln.
Zwiebel und Knoblauchzehen schälen und fein hacken. In dem heißen Olivenöl glasig braten.
In der Zwischenzeit die Zucchini putzen, vierteln und würfeln. Die Tomaten häuten, vierteln und von den grünen Stengelansätzen befreien. Dann ganz fein hacken, jedoch nicht entkernen.
Auberginen und Zucchini in dem Öl so lange dünsten, bis sie eben weich zu werden beginnen. Die Tomaten hinzufügen und alles unter häufigem Rühren dicklich einkochen lassen. Mit Salz, Zucker, Pfeffer und Basilikum abschmecken.
Die abgegossenen und abgetropften Tortellini in eine vorgewärmte Schüssel geben. Mit einem Teil der Gemüsesoße mischen, die restliche Soße getrennt dazu reichen.
Wer mag, gibt noch frisch geriebenen Parmesan an das Gericht oder serviert ihn gesondert.

Variation:

Reste von rohem oder gekochtem Schinken oder gemischter Wurst schmecken ebenfalls sehr gut als Füllung.

Suppenkrapferln

4 Portionen à ca. 2365 kJ (565 kcal)

350 g Mehl, 3 große Eier, ½ Teel. Salz, 1–2 Eßl. Wasser, 1 Zwiebel, 20 g Butter, 250 g beliebige Bratenreste, 1 Eigelb, 1 Eßl. Semmelbrösel, 1 Pckg. „8 Kräuter"-Mischung, tiefgekühlt, schwarzer Pfeffer aus der Mühle, geriebene Muskatnuß, Mehl zum Ausrollen, Salzwasser.

Aus Mehl, Eiern, Salz und Wasser einen Nudelgrundteig (siehe Seite 10) zubereiten und unter einer umgestülpten Schüssel 30 Minuten ruhen lassen.
In der Zwischenzeit die Füllung zubereiten. Die geschälte, gehackte Zwiebel in der Butter glasig braten. Die Bratenreste ganz fein hacken oder durch den Fleischwolf (grobe Scheibe) drehen. Mit der Zwiebel, dem Eigelb, den Semmelbröseln und den Kräutern vermischen. Mit Salz, Pfeffer und geriebener Muskatnuß abschmecken.
Den Teig auf der bemehlten Arbeitsfläche messerrückendünn ausrollen und in zwei Teile schneiden. Auf das eine Teigstück im Abstand von etwa 4 cm je 1 Teel. Füllung geben. Die zweite Teighälfte darüberklappen und rund um die Füllung fest andrücken. Mit einem Kuchenrädchen Vierecke ausradeln und in reichlich kochendem Salzwasser in 15 Minuten garen. Mit einem Schaumlöffel herausheben und als Suppeneinlage verwenden.

Gefüllte Teigfladen

4 Portionen à ca. 3430 kJ (820 kcal)

250 g Weizenmehl, 250 g Roggenmehl, Salz, lauwarmes Wasser, 500 g Sauerkraut aus der Dose, 250 g Speisequark, 100 g Schinkenspeck, schwarzer Pfeffer aus der Mühle, gemahlener Kümmel, Mehl zum Ausrollen, Schweineschmalz zum Ausbacken.

Beide Mehlsorten mischen und in eine Schüssel sieben. Gut ½ Teel. Salz und etwa ⅛ l Wasser zufügen.
So lange kneten, bis ein fester, aber glatter Teig entstanden ist. Wenn nötig noch etwas mehr Wasser dazugeben. Den Teig mit einer Schüssel bedeckt 30 Minuten ruhen lassen.
In der Zwischenzeit die Füllung zubereiten. Das Sauerkraut abtropfen lassen und wenn nötig kleinschneiden. Den Quark etwas ausdrücken und durch ein Sieb streichen. Den Speck fein würfeln. Alles miteinander vermischen und mit Salz, Pfeffer und Kümmel würzen.
Den Teig auf der bemehlten Arbeitsfläche etwa 3 mm dick ausrollen und Kreise von etwa 16 cm Durchmesser ausschneiden. Die Hälfte der Kreise mit der Füllung bedecken, die Ränder mit Wasser bestreichen. Die übrigen Teigfladen darüberdecken und an den Rändern kräftig andrücken.
In einer oder besser meh-

reren Pfannen gleichzeitig reichlich Schweineschmalz erhitzen und die Fladen nacheinander darin auf beiden Seiten goldbraun backen. Auf Haushaltspapier abfetten lassen und rasch servieren. Dazu schmeckt frischer Salat und ein kräftiger roter Tiroler Landwein.

Variation:
Statt des Sauerkrauts kann man als Füllung auch die Quark-Kartoffel-Mischung von den Topfennudeln (siehe Seite 83) verwenden.

Florentiner Ravioli

4 Portionen à ca. 3995 kJ (955 kcal)

1 Rezept Nudelteig (siehe Seite 70 „Tortellini con Ricotta"), 1 Zwiebel, 20 g Butter, 150 tiefgekühlter Spinat, 6 Eßl. Wasser, 6 Eßl. Weißwein, 100 g Mortadella, 350 g Beefsteakhack (Tatar), 100 g alter Pecorino senese, frisch gerieben (ersatzweise Parmesankäse), Salz, schwarzer Pfeffer aus der Mühle, geriebene Muskatnuß, Mehl zum Ausrollen, Salzwasser.

Den Nudelteig wie für Tortellini zubereiten und in einer Schüssel mit einem Tuch bedeckt ruhen lassen, bis die Füllung fertig ist.
Für die Füllung die Zwiebel schälen, fein hacken und in der heißen Butter glasig braten. Den unaufgetauten Spinat, Wasser und Weißwein zugeben und den Spinat zugedeckt in etwa 15 Minuten auftauen lassen und garen.
In der Zwischenzeit die Mortadella fein hacken. Spinat, Mortadella, Beefsteakhack und Käse mischen. Mit Salz, Pfeffer und Muskatnuß abschmecken.
Den Teig auf der bemehlten Arbeitsfläche messerrückendünn ausrollen. In zwei Teighälften schneiden. Die eine Hälfte im Abstand von etwa 4 cm mit etwa walnußgroßen Häufchen der Füllung belegen.
Den Teig in den Zwischenräumen mit Wasser einpinseln. Die zweite Teighälfte darüberklappen und um die Füllung ein wenig andrücken. Mit einem Kuchenrad etwa 4 cm große Teigquadrate ausschneiden. In das sprudelnd kochende Salzwasser einlegen und im offenen Topf 10 Minuten ziehen, nicht kochen lassen. Mit einem Schaumlöffel herausheben und in einer vorgewärmten Schüssel servieren.
Die Ravioli können entweder mit brauner Butter begossen und mit Schnittlauch oder mit frisch geriebenem Käse bestreut werden. Man kann jedoch auch Tomatensoße (siehe Seite 26) reichen. Außerdem schmeckt dazu ein Salat der Saison.

Florentiner
Ravioli

Neapolitanische Teigtaschen

4 Portionen à ca. 2260 kJ (540 kcal)

200 g Mehl,
20 g Hefe,
1 Teel. lauwarme Milch,
½ Teel. Salz,
2 Eßl. Olivenöl,
⅛ l lauwarmes Wasser,
250 g vollreife Tomaten,
75 g italienische Salami,
75 g gekochter Schinken ohne Fettrand,
100 g Mozzarellakäse,
75 g Champignons aus der Dose,
10 grüne Oliven,
schwarzer Pfeffer aus der Mühle,
frischer Oregano oder Majoran,
Mehl zum Ausrollen,
Öl oder Margarine zum Einfetten.

Mehl in eine Schüssel geben und in die Mitte eine Vertiefung drücken. Hefe hineinbröckeln und mit etwas Mehl und der Milch verrühren. Mit einem Küchentuch bedeckt an einem warmen Ort 20 Min. gehen lassen.
Salz, Öl und Wasser unterkneten. Den Teig so lange schlagen, bis er Blasen wirft. Dann noch mal 20 Minuten gehen lassen.
In der Zwischenzeit die Füllung bereiten: Tomaten häuten, vierteln, entkernen, von den grünen Stengelansätzen befreien und hacken. Salami, Schinken, Käse, die abgetropften Champignons und die Oliven ebenfalls hacken und alles mischen. Mit Pfeffer und Oregano abschmecken.
Den Teig auf der bemehlten Arbeitsfläche gut 4 mm dick ausrollen und zu Kreisen von 12 cm Durchmesser ausrollen. Mit der Füllung belegen. Die Ränder mit Wasser bestreichen. Die Kreise zu Taschen zusammenklappen und an den Rändern mit den Fingerspitzen gut festdrücken.
Ein Backblech einfetten, die Teigtaschen darauflegen und im vorgeheizten Backofen (200°, Gas Stufe 3) 30 Min. backen. Heiß servieren.
Dazu schmeckt am besten ein bunt gemischter Salat der Saison.

Tortellini con Ricotta

(Teigtaschen mit Quarkfüllung)

4 Portionen à ca. 3765 kJ (900 kcal)

400 g Weizenmehl,
4 Eier,
1 Eßl. Olivenöl,
½ Teel. Salz,
1–2 Eßl. lauwarmes Wasser,
400 g Magerquark,
150 g Pecorino romano (Schafskäse), ersatzweise frisch geriebener Parmesankäse,
2 Eigelb,

Weizenmehl auf die Arbeitsfläche sieben und in die Mitte eine Vertiefung drücken. Eier, Olivenöl und Salz hineingeben. Mit einer Gabel so lange verrühren, bis Mehl und Eier sich ganz verbunden haben. Dann zu einem festen, geschmeidigen Teig kneten. Wenn nötig, das Wasser zufügen. Den Teig mit einem Küchentuch bedeckt 20 Minuten ruhen lassen.
In der Zwischenzeit die Füllung zubereiten. Den Quark gut ausdrücken, durch ein Sieb streichen und mit Käse und Eigelb vermischen. Die abgespülten, trockengeschwenkten und feingehackten Kräuter dazugeben, mit Salz und Pfeffer abschmecken.
Den Teig auf der bemehlten Arbeitsfläche messerrückendünn ausrollen und zu Kreisen von 6 cm Durchmesser ausstechen.

je ½ Bund glatte Petersilie und Basilikum, Salz, schwarzer Pfeffer aus der Mühle, Mehl zum Ausrollen, Salzwasser, 800 g vollreife Suppentomaten, 2 Zwiebeln, 2 Knoblauchzehen, 4 Eßl. Olivenöl, 1 Teel. Zucker, 2 Eßl. gehacktes Selleriekraut.

Dann in die Mitte jeweils 1 Teel. Füllung geben.
Die Teigränder mit Wasser befeuchten, den Teig zu Halbkreisen zusammenfalten und um die Füllung herum andrücken. Die Taschen dann rund formen und die ungefüllten Teigenden zusammendrücken. Auf einem dünn bemehlten Küchentuch 1 Stunde trocknen lassen. Dann in dem sprudelnd kochenden Salzwasser 5 bis 6 Minuten kochen.
Während die Tortellini trocknen, die Tomatensoße zubereiten. Die gewaschenen Tomaten achteln und von den grünen Stengelansätzen befreien. Die geschälten Zwiebeln und die geschälten Knoblauchzehen hacken und in dem nicht zu heißen Olivenöl glasig braten. Die Tomaten, den Zucker und das Selleriekraut zufügen. Zugedeckt im eigenen Saft 25 Minuten sanft schmoren lassen. Dann durch ein Sieb streichen. Bei starker Hitze unter Rühren um etwa ⅓ einkochen lassen. Mit Salz und Pfeffer abschmecken. Die Tortellini mit einem Schaumlöffel aus dem Wasser heben, gründlich abtropfen lassen und in eine vorgewärmte Schüssel geben. Sofort mit der Tomatensoße mischen. Dazu beliebigen geriebenen Käse und gemischte Salate reichen.

Ravioli di Schluz

(Südtiroler Schlutzkrapfen)

4 Portionen à ca. 3035 kJ (725 kcal)

400 g Weizenmehl, 4 Eier, ½ Teel. Salz, 75 g Butter, 1–2 Eßl. lauwarmes Wasser, 1 Zwiebel, 40 g Schweineschmalz, 300 g Sauerkraut, 150 g Magerquark, Salz, weißer Pfeffer, 1 Prise Zucker, 1 Prise gemahlener Kümmel, Mehl zum Ausrollen, 1 Eigelb, Salzwasser, 50 g geriebener Parmesankäse.

(Foto Seite 73)

Das Mehl auf die Arbeitsfläche sieben und in die Mitte eine Vertiefung drücken. Eier, Salz und 25 g zerlassene Butter hineingeben. Mit einer Gabel verrühren, bis Mehl und Eier sich ganz verbunden haben. Dann so lange kneten, bis ein geschmeidiger, aber fester Teig entstanden ist. Wenn nötig, das Wasser zufügen. Den Teig in eine dünn bemehlte Schüssel geben, mit einem Tuch bedecken und 20 Minuten ruhen lassen.
In der Zwischenzeit die Füllung zubereiten. Die Zwiebel schälen, fein hakken und in dem Schmalz glasig braten.
Das Sauerkraut gut ausdrücken, wenn nötig etwas zerschneiden und zu der Zwiebel geben. Unter ständigem Rühren 5 Minuten dünsten lassen.
Den Quark gut ausdrükken, mit dem Sauerkraut mischen. Alles mit Salz, Pfeffer, Zucker und Kümmel abschmecken.
Den Teig auf der bemehlten Arbeitsfläche messerrückendünn ausrollen und in 2 gleichgroße Teighälften schneiden. Die eine Teighälfte dünn mit ver-

quirltem Eigelb bestreichen. Im Abstand von etwa 5 cm jeweils 1 Teelöffel voll Füllung darauf verteilen. Die zweite Teigplatte darüberlegen und mit zwei Fingern rund um die Füllung leicht andrükken. Mit einem Kuchenrädchen gleichmäßige Vierecke ausradeln.
Das Salzwasser sprudelnd aufkochen lassen. Die Ravioli portionsweise (etwa 20 Stück) hineingeben und in 10 Minuten garen. Sie sind gar, wenn sie nach oben gestiegen sind. Mit einem Schaumlöffel herausheben, gut abtropfen lassen und in einer vorgewärmten Schüssel warm halten, bis alle Ravioli fertig sind.
Die restliche Butter leicht bräunen, über die Ravioli gießen. Mit Parmesan bestreut sofort servieren.
Dazu grünen Salat in einer Kräutermarinade reichen.

Nudeltaschen fritiert

4 Portionen à ca. 3220 kJ (770 kcal)

je 125 g grüne und gelbe Lasagneblätter,
Salzwasser,
1 Eßl. Öl,
1 Zwiebel,
1 Knoblauchzehe,
300 g Rinderhackfleisch,
30 g Butter,
1 Eßl. grüne Pfefferkörner,
1 Eßl. Tomatenpüree,
2 Eßl. gehackte Petersilie,
1 Eßl. Pinienkerne,
2 hartgekochte Eier,
1 Eiweiß,
2 Eigelb,
2 Eßl. süße Sahne,
6 Eßl. Semmelbrösel,
Öl oder Kokosfett zum Ausbacken.

Lasagneblätter in reichlich sprudelnd kochendem Salzwasser, dem das Öl zugefügt wurde, in 10 Minuten nicht ganz weich werden lassen.
Abgießen und abtropfen lassen, dann nebeneinander auf ein feuchtes Küchentuch legen.
Für die Füllung Zwiebel und Knoblauchzehe schälen und fein hacken. Zusammen mit dem Hackfleisch in der Butter unter Rühren so lange braten, bis das Fleisch ganz krümelig geworden ist. Mit zerdrückten oder grobgehackten Pfefferkörnern, Tomatenpüree, Petersilie, Pinienkernen und den zuvor sehr feingehackten Eiern mischen.
Die Füllung auf die Lasagneblätter verteilen. Die Teigränder mit etwas Eiweiß bestreichen. Die Lasagneblätter zu Taschen falten und die Ränder gut andrücken.
Eigelb mit Sahne verquirlen. Die Teigtaschen zuerst durch das Eigelb ziehen, dann in Semmelbröseln wenden.
Öl oder Kokosfett auf 175° (Fetthermometer oder Thermostat) erhitzen und die Taschen darin portionsweise in etwa 4 Minuten goldbraun fritieren. Mit einem Schaumlöffel herausnehmen und warm stellen, bis alle fertig sind.
Dazu schmeckt knackfrischer Salat der Saison in einer Kräutermarinade.

Ravioli
di Schluz

Rezept Seite 71

Nudeltaschen
fritiert

Schlutzkrapfen „der armen Leute"

4 Portionen à ca. 2700 kJ (645 kcal)

400 g Mehl,
4 Eier,
½ Teel. Salz,
3 Zwiebeln,
1 Knoblauchzehe,
1 Eßl. Öl,
300 g Blattspinat,
150 g junge Brennesselblätter,
1 Bund Petersilie,
1 in Milch eingeweichtes altbackenes Brötchen,
Kräutersalz,
Mehl zum Ausrollen,
Salzwasser,
50 g Butter.

Mehl in eine Schüssel sieben und in die Mitte eine Vertiefung drücken. Die Eier aufschlagen, verquirlen und in die Mitte geben, das Salz darüber streuen. Einen Nudelgrundteig (siehe Seite 10) bereiten und mit einem Küchentuch bedeckt 30 Minuten stehen lassen.
In der Zwischenzeit die Füllung bereiten. Eine Zwiebel und die Knoblauchzehe schälen und fein hacken. In dem nicht zu heißen Öl langsam glasig braten. Spinat und Brennesseln (mit Gummihandschuhen arbeiten!) verlesen, gründlich waschen und tropfnaß in das Öl geben. So lange unter Rühren dünsten, bis keine Flüssigkeit mehr vorhanden ist. Dann fein hacken.
Die Petersilie abspülen, trockenschwenken und ebenfalls hacken. Das eingeweichte Brötchen fein zerfasern. Alles mischen und mit Kräutersalz abschmecken.
Den Teig auf der bemehlten Arbeitsfläche ausrollen und in 8 Rechtecke teilen. Die Füllung jeweils in die Mitte geben und den Teig zu Taschen zusammenklappen. Die Ränder mit den Fingerspitzen oder einer Gabel fest zusammendrücken.
Reichlich Salzwasser sprudelnd aufkochen lassen und die Krapfen darin in 20 Minuten mehr garziehen als kochen lassen.
Zwischendurch die restlichen Zwiebeln schälen und hacken. Die Butter erhitzen und die Zwiebeln darin goldgelb braten. Schlutzkrapfen mit einem Schaumlöffel aus dem Wasser heben, gut abtropfen lassen und je 2 auf einen Teller geben. Mit Butter und Zwiebeln begossen sofort servieren.
Dazu reichlich frischen Salat in einem Frischkäse-Kräuter-Dressing reichen.

Diese Schlutzkrapfen haben ihren Namen von der fleischlosen Füllung. Die armen Leute früherer Zeiten, die sie auf diese Weise zubereiteten, konnten sie natürlich auch nicht mit Butter „abschmälzen", oft fehlten sogar das Brötchen und die Milch. Dann wurde die Füllung nur mit grobem Mehl gebunden.

Ravioli-Pastete

8 Portionen à ca.
4980 kJ (1190 kcal)

750 g Mehl,
5 Eier,
Salz,
150 g roher Schinken,
50 g Knoblauchsalami,
250 g Kalbsbratwurstbrät,
2 Eßl. gehackter Kerbel,
200 g frisch geriebener Parmesankäse,
1–2 Eßl. Semmelbrösel,
2 Eßl. Weißwein,
Mehl zum Ausrollen,
2 Bund Suppengrün,
4 Frühlingszwiebeln,
750 g Hühnerbrustfilet oder mageres Kalbfleisch,
5 Eßl. Olivenöl,
$^1/_8$ l Weißwein,
$^1/_8$ l Fleischbrühe,
2 Eßl. Tomatenpüree,
$^1/_4$ l Sahne,
Salzwasser,
1 Schuß Öl,
200 g Butter,
3 Eigelb,
2–3 Eßl. Eiswasser.

Aus 500 g Mehl, 4 Eiern und etwa $^1/_2$ Teel. Salz einen Nudelgrundteig zubereiten (siehe Seite 10). Unter einer umgestülpten Schüssel ruhen lassen.
Für die Füllung den Schinken und die Salami ganz fein hacken. Mit dem Brät mischen. Kerbel, 100 g Parmesan, Semmelbrösel, Weißwein und das letzte Ei ebenfalls untermischen.
Den Teig auf einer bemehlten Arbeitsfläche ausrollen, halbieren und die Füllung in haselnußgroßen Häufchen darauf verteilen. Die zweite Platte darüber legen und den Teig rund um die Füllung fest andrücken. Mit einem Kuchenrädchen die Ravioli ausschneiden und trocknen lassen.
Nun ein Ragout zubereiten. Das Suppengrün und die Frühlingszwiebeln putzen, abspülen und fein hacken. Fleisch sehr fein würfeln oder hacken.
Das Olivenöl in einem Topf erhitzen. Zuerst das Suppengrün, dann das Fleisch darin anbraten. Mit Wein und Fleischbrühe auffüllen und so lange köcheln lassen, bis keine Flüssigkeit mehr vorhanden ist. Tomatenpüree und die Sahne einrühren und die Flüssigkeit um die Hälfte einkochen lassen. Mit dem restlichen Parmesankäse mischen.
Das Salzwasser mit dem Öl sprudelnd aufkochen lassen. Die Ravioli einlegen und in etwa 10 Minuten garen. Gut abtropfen lassen und unter das Ragout mischen.
Noch während das Ragout gart, den Pastetenteig zubereiten: Das restliche Mehl mit der kühlen, in Flöckchen geschnittenen Butter, 2 Eigelb und dem Eiswasser zu einem glatten Teig kneten und zugedeckt 30 Minuten in den Kühlschrank stellen.
Aus $^2/_3$ der Teigmenge auf der bemehlten Arbeitsfläche eine große, runde Platte ausrollen und eine Springform von 26 cm Durchmesser damit ausfüttern. Restlichen Teig als Deckel ausrollen. In der Mitte ein Loch von 2 cm Ø ausstechen. Ragout und Ravioli in die Form füllen, den Deckel auflegen und mit dem Teigrand verbinden. Die Pastete mit dem restlichen Eigelb bestreichen und im vorgeheizten Backofen (220°, Gas Stufe 4) 60 bis 70 Minuten backen. Vorsichtig aus der Form nehmen und heiß auftragen.
Dazu reichlich Salat servieren.

Sahne-Tortellini

4 Portionen à ca.
4855 kJ (1160 kcal)

400 g Weizenmehl,
4 Eier,
1 Eßl. Öl,
½ Teel. Salz,
1–2 Eßl. lauwarmes Wasser,
30 g getrocknete Steinpilze,
250 g Hühnerklein,
100 g durchwachsener Speck,
20 g Butter,
1 Zwiebel,
1 Möhre,
1 Bund Petersilie,
1 Eßl. Tomatenpüree,
4 Eßl. Sahne,
Salz,
weißer Pfeffer,
etwas frisches oder getrocknetes Basilikum,
250 g frische Champignons,
2 Eßl. Zitronensaft,
Salzwasser,
1 Schuß Öl,
1 Pckg. TK-Erbsen (300 g),
⅜ l süße Sahne.

Aus Mehl, Eiern, Öl, Salz und Wasser nach Grundrezept (siehe Seite 70 „Tortellini con Ricotta") die Tortellini herstellen.
Für die Füllung die Steinpilze in warmem Wasser einweichen. Das Hühnerklein wenn nötig häuten, dann in feine Stifte schneiden. Den Speck würfeln und in der heißen Butter langsam glasig braten.
In der Zwischenzeit die Zwiebel und die Möhre schälen, ebenso wie die zuvor abgespülte, trokkengeschwenkte Petersilie und die gut abgetropften Steinpilze fein hacken. Alles mit dem Hühnerklein zu dem Speck geben und unter Rühren kräftig anbraten. Tomatenpüree und Sahne untermischen und so lange dünsten, bis keine Flüssigkeit mehr vorhanden ist. Dann erst mit Salz, Pfeffer und Basilikum (frisches zuvor hakken oder streifig schneiden) abschmecken. Die Tortellini damit füllen.
Die Champignons putzen, in einem sauberen Küchentuch abreiben und halbieren oder vierteln. Sofort mit dem Zitronensaft mischen, damit sie sich nicht verfärben und etwas gewürzt werden.
Das Salzwasser sprudelnd aufkochen, das Öl zufügen und die Tortellini darin in etwa 10 Minuten garen.
Nebenher die Erbsen laut Packungsaufschrift ebenfalls garen. Sie sollten aber nicht zu weich werden.
Die Sahne in einem Stieltopf zum Kochen bringen. Die zuvor mit Haushaltspapier leicht abgetupften Champignons darin 5 Minuten kochen lassen. Die abgegossenen, gut abgetropften Erbsen hineingeben. Die Sahne mit etwas Salz würzen.
Die Tortellini mit einem Schaumlöffel herausnehmen, abtropfen lassen, in einer vorgewärmten Schüssel sofort mit der Sahne-Pilz-Erbsen-Mischung vermengen und auftragen.
Nach Belieben frisch geriebenen Parmesankäse oder geriebenen Emmentaler Käse dazu reichen.

Tip *Tortellini und andere Teigtaschen hält man am besten warm, indem man ein feuchtes, gefaltetes Küchentuch über die Schüssel deckt und diese in den mäßig warmen Backofen (100–120°) stellt. Durch das feuchte Tuch trocknet die Oberfläche nicht aus.*

Sahne-Tortellini

Ravioli mit Salbeifüllung

4 Portionen à ca.
4350 kJ (1040 kcal)

400 g Mehl,
3 Eigelb,
4 Eiweiß,
4 Eßl. Olivenöl,
½ Teel. Salz,
300 g mageres Lammfleisch,
50 g durchwachsener Speck,
1 Zwiebel,
1 Knoblauchzehe,
2 Zweige Salbei,
½ Bund glatte Petersilie,
1 Prise gemahlener Rosmarin,
schwarzer Pfeffer aus der Mühle,
Mehl zum Ausrollen,
Salzwasser,
80 g Butter,
75 g frisch geriebener Parmesankäse.

Mehl, 2 Eigelb, 3 Eiweiß, 2 Eßl. Olivenöl und Salz mit den Knethaken des Handrührgeräts zu einem festen Teig kneten. Mit einem Küchentuch bedeckt 20 Minuten ruhen lassen.
In der Zwischenzeit für die Füllung das Lammfleisch, den Speck, die geschälte Zwiebel und Knoblauchzehe durch den Fleischwolf (feine Scheibe) drehen.
Salbei und Petersilie abspülen, trockenschwenken und die Blätter von einem Salbeizweig und die Petersilie fein hacken.
Das restliche Öl erhitzen und die Fleischmasse darin unter Rühren 5 Minuten braten. Mit den Kräutern, Rosmarin, Salz und Pfeffer abschmecken und mit dem restlichen Eigelb mischen.
Die eine Teighälfte auf der bemehlten Arbeitsfläche messerrückendünn ausrollen und die Füllung im Abstand von etwa 4 cm in kleinen Häufchen darauf verteilen. Drumherum mit Eiweiß bestreichen. Den restlichen Teig ebenfalls ausrollen und darüberlegen. Um die Füllung etwas andrücken und mit einem Kuchenrädchen Ravioli von etwa 4 cm Kantenlänge ausschneiden. Reichlich Salzwasser sprudelnd aufkochen lassen und die Ravioli darin in 10 bis 12 Minuten garen.
In der Zwischenzeit die Butter in einem Topf aufschäumen lassen. Die restlichen Salbeiblätter darin kurz dünsten. Ravioli mit einem Schaumlöffel aus dem Wasser heben, abtropfen lassen, in der Butter schwenken und in einer vorgewärmten Schüssel anrichten. Mit Parmesan bestreut servieren.
Dazu gemischten Salat der Saison reichen.

Ravioli mit Fischfüllung

4 Portionen à ca.
3370 kJ (805 kcal)

300 g Mehl,
3 Eier,
¼ Teel. Salz,
gut ⅛ l Weißwein,
2 Zwiebeln,
2 Stengel glatte Petersilie,

Aus Mehl, Eiern, Salz einen Nudelgrundteig (siehe Seite 10) zubereiten. Mit einer Schüssel bedeckt ruhen lassen.
Den Wein in einem großen Topf zum Kochen bringen. Eine geschälte, in Scheiben geschnittene Zwiebel, Petersilie, die geschälte Knoblauchzehe, Zitronensaft und eine kräftige Prise Salz dazugeben. Das Fischfilet einlegen und in 10 Minuten garziehen lassen.
Nebenher den Spinat verlesen und gründlich

1 Knoblauchzehe, Saft einer Zitrone, Salz, 500 g beliebiges Fischfilet, 300 g frischer Spinat, 100 g Butter, 1 Ei, 100 g frisch geriebener Parmesankäse, schwarzer Pfeffer aus der Mühle, geriebene Muskatnuß, Mehl zum Ausrollen, Salzwasser, 5 Salbeiblätter.

waschen. Die zweite Zwiebel hacken und in 25 g Butter goldgelb dünsten. Den tropfnassen Spinat hineingeben und so lange dünsten, bis keine Flüssigkeit mehr vorhanden ist. Den Spinat dann fein hacken.
Das Fischfilet entgräten, fein faserig zerteilen, mit Spinat, Ei und Käse mischen. Mit Salz, Pfeffer und geriebener Muskatnuß abschmecken.
Den Teig auf der bemehlten Arbeitsfläche messerrückendünn ausrollen und in zwei Hälften teilen. Die Füllung teelöffelweise im Abstand von etwa 5 cm auf eine Hälfte verteilen und die zweite Teigplatte darüber decken. Den Teig rund um die Füllung fest andrücken. Mit einem Kuchenrädchen Ravioli ausschneiden.
Reichlich Salzwasser sprudelnd aufkochen lassen. Die Ravioli einlegen und in 10 bis 12 Minuten garziehen lassen. Mit einem Schaumlöffel herausheben, abtropfen lassen, in eine vorgewärmte Schüssel geben.
Noch während die Ravioli garen, die Butter in einem Stieltopf erhitzen und die Salbeiblätter darin mindestens 5 Minuten ziehen lassen. Dann herausnehmen. Die Butter hellbraun werden lassen und über die Ravioli gießen. Sofort servieren.
Dazu nach Belieben geriebenen Parmesankäse reichen.

Ravioli „Santa Lucia"

4 Portionen à ca. 4140 kJ (990 kcal)

400 g Mehl, 4 große Eier, 2 Eßl. Olivenöl, 1 Teel. Salz, 250 g Roastbeef (fertig gebraten gekauft), 250 g Mortadella, 2 Bund glatte Petersilie, 1 Bund Kerbel, 1 kleines Bund Basilikum, 2 Eßl. Tomatenpüree, 50 g frisch geriebener Parmesankäse, Mehl zum Ausrollen, Salzwasser, Öl, 60 g Butter.

Das Mehl in eine Schüssel geben und eine Mulde in die Mitte drücken. Eier verquirlen und in die Mulde gießen. Mit einer Gabel Mehl und Eier vermengen, dann Öl und Salz dazugeben und alles zu einem geschmeidigen, aber festen Teig kneten. Unter einer umgestülpten Schüssel 60 Minuten ruhen lassen.
Für die Füllung das Roastbeef und die Mortadella ganz fein hacken oder durch den Fleischwolf (grobe Scheibe) drehen. Petersilie, Kerbel und Basilikum abspülen, gründlich trockenschwenken und fein hacken. Zusammen mit dem Tomatenpüree und dem Käse unter die Fleisch-Wurst-Mischung heben.
Den Teig auf einer bemehlten Arbeitsfläche messerrückendünn ausrollen und in zwei Platten teilen. Auf die erste Platte in Abständen von etwa 4 cm haselnußgroße Teighäufchen geben. Rundherum mit Wasser bestreichen. Die zweite Teigplatte darüber legen und rund um die Füllung

gut andrücken. Mit einem Kuchenrädchen die Ravioli ausschneiden.
Das Salzwasser mit dem Öl sprudelnd aufkochen lassen. Die Ravioli einlegen und in etwa 10 Minuten garziehen, nicht kochen lassen. Mit einem Schaumlöffel herausnehmen, gut abtropfen lassen und in eine vorgewärmte Schüssel geben. Zuvor die Butter leicht bräunen und sehr heiß über die Ravioli gießen. Sofort auftragen.
Die Ravioli können als Vorspeise (dann allerdings für 6 Personen) oder mit Salat als Hauptgericht gereicht werden.

Quark-Spinat-Rolle

4 Portionen à ca. 2805 kJ (670 kcal)

300 g Mehl,
3 große Eier,
4–5 Eßl. Wasser,
½ Teel. Salz,
750 g Spinat,
250 g Speisequark,
200 g frisch geriebener Parmesankäse,
geriebene Muskatnuß,
Mehl zum Ausrollen,
Salzwasser.

Mehl in eine Schüssel geben und eine Mulde in die Mitte drükken. Eier aufschlagen und mit 4 Eßl. Wasser verquirlen. In die Mulde gießen. Mit einer Gabel unter das Mehl mischen. Salz und eventuell noch etwas Wasser zufügen. Daraus einen festen, aber glatten Teig kneten. Mit einer umgestülpten Schüssel bedeckt 1 Stunde ruhen lassen.
Für die Füllung den Spinat verlesen, waschen und tropfnaß in einen Topf geben. Unter ständigem Rühren zusammenfallen lassen. Dann etwas ausdrücken und hacken. Den Quark ebenfalls etwas ausdrücken, mit dem Käse unter den Spinat mischen. Mit Salz und Muskatnuß abschmecken.
Den Teig auf einem bemehlten Küchentuch so dünn wie möglich ausrollen (ähnlich wie einen Strudel) und mit der Füllung bestreichen. Dabei jedoch rundherum einen Rand von 2 cm stehen lassen und diesen mit Wasser bestreichen. An den Schmalseiten die Ränder nach innen umklappen. Den Teig nun mit Hilfe des Tuchs zusammenrollen. Die Tuchenden zusammenbinden.
Einen ovalen Schmortopf mit reichlich Salzwasser füllen und dieses zum Kochen bringen. Die Rolle hineinhängen und gut 1 Stunde köcheln lassen. Die Rolle abtropfen lassen. Aus dem Tuch heben, auf einer vorgewärmten Platte anrichten, aufschneiden und sofort servieren.
Dazu kann man nach Belieben eine sehr kräftige Tomatensoße oder in viel Butter gebräunte Zwiebeln servieren. Als Getränk paßt ein kräftiger, trockener Weißwein.

Quark-Spinat-Rolle

Böhmische Powidltascherl

4 Portionen à ca.
1945 kJ (465 kcal)

150 g Mehl,
1 Ei,
3 Eßl. Milch,
1 kräftige Prise Salz,
Mehl zum Ausrollen,
300 g festes Pflaumenmus (Powidl),
Salzwasser,
75 g Butter,
40 g Zucker,
1–1½ Teel. Zimt.

Aus Mehl, Ei, Milch und Salz einen glatten, aber festen Teig kneten. Unter einer umgedrehten Schüssel 20 Minuten ruhen lassen, dann auf der bemehlten Arbeitsfläche etwa 3 mm dick ausrollen und in 8 mal 8 cm große Quadrate schneiden.
In die Mitte jedes Quadrats etwa 1 Eßl. Pflaumenmus geben und die Ränder mit Wasser bestreichen. Die Quadrate zu Rechtecken zusammenklappen und die Ränder mit den Fingerspitzen gut zusammendrücken. Reichlich Salzwasser aufkochen, die Powidltascherl einlegen und 10 Minuten sieden lassen. Entweder mit einem Schaumlöffel herausnehmen oder vorsichtig auf einem Sieb abtropfen lassen. In eine vorgewärmte Schüssel geben und mit der zerlassenen, leicht gebräunten Butter übergießen. Zucker und Zimt mischen und über die Powidltascherl streuen. Böhmische Powidltascherl werden in Österreich als Dessert serviert.

Kärntner Apfelnudeln

4 Portionen à ca.
2910 kJ (695 kcal)

500 g säuerliche Äpfel,
1 Eßl. Zitronensaft,
50 g Butter,
50 g Farinzucker (Rohzucker),
50 g geriebene Haselnüsse,
50 g Semmelbrösel,
1 kräftige Prise Zimt,
350 g feines Weizenmehl,
2 Eier,
1 kräftige Prise Salz,
etwa ⅛ l Wasser,
Mehl zum Ausrollen und Formen,
Salzwasser.

Die Äpfel schälen, vierteln, entkernen, fein würfeln und sofort mit dem Zitronensaft mischen.
Die Butter in einem Stieltopf erhitzen. Den Zucker hineingeben und unter Rühren bei nicht zu starker Hitze schmelzen lassen. Erst dann die Haselnüsse und die Semmelbrösel dazugeben und alles gut mischen. Zum Schluß die Äpfel hinzufügen und alles noch 5 Minuten dünsten. Mit Zimt abschmecken und erkalten lassen.
Aus Weizenmehl, Eiern, Salz und Wasser einen Nudelgrundteig (siehe Seite 10) zubereiten. Er soll geschmeidig, aber nicht zu weich sein, darum das Wasser nicht auf einmal, sondern nach und nach zufügen.
Den Teig auf der bemehlten Arbeitsfläche noch einmal kräftig durchkneten und zu einer Rolle von etwa 6 cm Durchmesser formen. Davon etwa 1 cm dicke Scheiben abschneiden und zu 2–3 mm dicken Ovalen ausrollen. Jeweils mit Füllung bedecken und zusammenklappen. Die Ränder mit angefeuchteten Fingern zusammen- und hochdrücken, so daß eine Art Kordel entsteht. Reichlich Salzwasser

sprudelnd aufkochen, die Apfelnudeln einlegen und in etwa 12 Minuten garen. Mit einem Schaumlöffel herausnehmen. In einer vorgewärmten Schüssel anrichten. Nach Belieben mit in Butter gerösteten Semmelbröseln oder mit einer Zucker-Zimt-Mischung bestreuen. Man kann sie auch in Butter schwenken und mit Zucker und Mohn bestreuen. Meist werden die Apfelnudeln nach einer Suppe als Hauptgang serviert. Sie können aber auch als Dessert für 6 Personen gereicht werden.

Topfennudeln

4 Portionen à ca. 1945 kJ (465 kcal)

250 g Mehl,
2 Eier,
1 kräftige Prise Salz,
2 Eßl. lauwarme Milch,
250 g Speisequark (Topfen),
150 g frisch gekochte Salzkartoffeln,
50 g weiche Butter,
4 Eßl. dicke saure Sahne,
2 Eßl. gehackte glatte Petersilie,
1 Eßl. gehackter Kerbel,
1 Bund Schnittlauch,
2–3 Stengel frische Minze,
Salz,
weißer Pfeffer,
Mehl zum Ausrollen,
1 Eiweiß,
Salzwasser.

Für den Teig das Mehl in eine Schüssel sieben, eine Vertiefung hineindrücken und die aufgeschlagenen Eier zusammen mit Salz und Milch hineingeben. Mit einer Gabel von innen nach außen mischen, dann zu einem glatten, festen Teig kneten. Mit einem Küchentuch bedeckt 1 Stunde ruhen lassen.
In der Zwischenzeit die Füllung zubereiten. Den Quark etwas ausdrücken, dann durch ein Sieb streichen. Die abgegossenen, ausgedämpften Kartoffeln durch die Kartoffelpresse dazugeben. Butter in Flöckchen, Sahne, Petersilie, Kerbel, den in Röllchen geschnittenen Schnittlauch und die feingeschnittene Minze ebenfalls dazugeben und alles gründlich mischen. Mit Salz und Pfeffer abschmecken.
Den Teig auf einer bemehlten Arbeitsfläche sehr dünn ausrollen und etwa 5 mal 8 cm große Fladen ausschneiden. Die Hälfte der Fladen mit Füllung belegen und die Ränder mit Eiweiß bestreichen. Jeweils einen zweiten Fladen darüberlegen und die Ränder mit einer Gabel fest andrücken.
Reichlich Salzwasser sprudelnd aufkochen lassen. Die Topfennudeln einlegen und bei nicht zu großer Hitze 20 Minuten mehr ziehen als kochen lassen. Mit einem Schaumlöffel herausnehmen und in eine vorgewärmte Schüssel geben. Nach Belieben werden die Topfennudeln mit zerlassener Butter übergossen und mit Schnittlauchröllchen bestreut, oder man gibt ausgelassene Speckwürfel darüber. Man kann jedoch auch eine Tomatensoße dazu reichen und die „Nudeln" mit Käse bestreuen. Dazu schmeckt weißer Landwein.

So mag man es in anderen Ländern

Klassische Gerichte
rund ums Mittelmeer
und aus Fernost

Lasagne
„Nizza-Art“

Rezept nächste Seite

Italien

In Ei gebratene Nudeln

4 Portionen à ca. 2155 kJ (515 kcal)

250 g Capelli d'angeli („Engelshaar" = Fadennudeln), Salzwasser, 4 Eier, 1/8 l Sahne, 1 Eßl. gehackte Petersilie, 1 Eßl. gehackter Kerbel, Salz, weißer Pfeffer, 1 Prise Paprika rosenscharf, 2 Eßl. bestes Olivenöl, 20 g Butter.

Die Nudeln in dem sprudelnd kochenden Salzwasser 6 Minuten garen.
In der Zwischenzeit die Eier mit Sahne, Kräutern und Gewürzen verschlagen.
Die Nudeln abgießen und gründlich abtropfen lassen. Mit der Eiermischung vermengen.
Öl und Butter in einer großen Pfanne erhitzen und die Nudeln darin wie einen Pfannkuchen von beiden Seiten knusprig braun braten. Nach Belieben noch mit geriebenem Parmesan oder Emmentaler Käse bestreuen.
Als Beilage zu allen kurzgebratenen Fleischsorten oder zu gebratenem Fisch und einen Salat der Saison servieren. Als Getränk paßt je nach Beilage trockener Weißwein oder leichter Rosé.

Frankreich

Lasagne „Nizza-Art"

4 Portionen à ca. 4225 kJ (1010 kcal)

500 g fertiger Kalbsbraten, 6 Eigelb, 125 g frisch geriebener Parmesankäse, gut 1/4 l Weißwein, 2 Eßl. frisches, gehacktes Basilikum, 175 g Weizenmehl, 2 Eiweiß, Salz, 1 Teel. Zucker, 16 Lasagneblätter, 4 Eßl. Olivenöl, 400 g frischer Spinat, 750 g Kokosfett oder 1 l Öl zum Ausbacken, Basilikum und Endivienblätter zum Garnieren.

(Foto Seite 84/85)

Kalbfleisch grob würfeln, dann durch die feine Scheibe des Fleischwolfs drehen. Mit 4 Eigelb, dem Parmesan, 2–3 Eßl. Wein und dem Basilikum vermischen.
Das Mehl in eine Schüssel sieben, mit dem restlichen Wein und den restlichen Eigelb zu einem glatten Teig verrühren. Mit Salz und Zucker abschmecken. 10 Minuten quellen lassen, dann das zu steifem Schnee geschlagene Eiweiß unterziehen.
Während der Teig quillt, die Lasagneblätter vorbereiten. 3 l Wasser kräftig salzen und aufkochen. Das Öl dazugeben und die Lasagneblätter einzeln einlegen. In 8 Minuten „al dente" (beißfest) kochen, abtropfen lassen und nebeneinander auf eine dicke Lage Haushaltspapier legen.
Spinat verlesen, waschen und in kochendem Salzwasser 1/2 Minute blanchieren.
Die Füllung und den Spinat auf die Lasagneblätter verteilen. Diese zuerst an den Seiten einschlagen, dann aufrollen.
Kokosfett oder Öl in der Friteuse auf 175° erhitzen. Die Lasagneblätter durch den Teig ziehen und immer 3 bis 4 auf

einmal im heißen Fett in 7 Minuten knusprig braun ausbacken. Mit einem Schaumlöffel herausnehmen, gut abtropfen lassen, so lange warm halten, bis alle fertig sind. Auf einer vorgewärmten Platte anrichten, mit Basilikum- und Endivienblättern garniert auftragen. Mit gemischtem Salat, frischem Stangenweißbrot und kräftigem, italienischem Weißwein oder Rosé servieren.

Italien

Genueser Nudeltopf

4 Portionen à ca. 4245 kJ (1015 kcal)

300 g Rigatoni (Röhrennudeln), Salzwasser, 2 Zwiebeln, 250 g geriebener Casareccio di Gorreto (ersatzweise alter Gouda oder Greyerzer Käse), ⅛ l Milch, 30 g Butter, Butter oder Margarine zum Einfetten, 2 Dosen Thunfisch in Öl (je 200 g), 1 Dose geschälte Tomaten (800 g), 1 Pckg. TK-Perlerbsen (300 g), schwarzer Pfeffer, 100 g frisch geriebener Parmesankäse.

Rigatoni in reichlich sprudelndem Salzwasser zusammen mit den geschälten, halbierten Zwiebeln in 10 Min. „al dente" (beißfest) kochen. Abgießen und gründlich abtropfen lassen.

Den geriebenen Käse in der heißen, aber nicht kochenden Milch schmelzen lassen. Die Butter unterrühren.

Den Thunfisch und die geschälten Tomaten abtropfen lassen.

Eine feuerfeste Form einfetten. Lagenweise Nudeln, Käsecreme, Thunfisch, Tomaten und unaufgetaute Perlerbsen einfüllen, die letzte Schicht sollten Nudeln bilden.

Jede Thunfischlage mit schwarzem Pfeffer reichlich übermahlen. Den frisch geriebenen Parmesankäse darüberstreuen und die Form in den vorgeheizten Backofen (200°, Gas Stufe 3) schieben. 20 Minuten überbacken, dann den Nudeltopf in der Form servieren.

Dazu Römischen Salat mit Fenchelstreifen in Essig-Öl-Marinade reichen.

Indonesien

Mie goreng

(Gebratene Nudeln)

4 Portionen à ca. 2345 kJ (560 kcal)

250 g chinesische Eiernudeln, 250 g mageres Schweinefleisch, 1 Zwiebel, 3 Knoblauchzehen, 1 rote oder grüne

Nudeln entsprechend der Packungsaufschrift garen und beiseite stellen.

Das Schweinefleisch in mundgerechte Würfel schneiden. Zwiebel und Knoblauchzehen schälen, Chilischote putzen und alles fein hacken.

Den geputzten, gewaschenen und abgetropften Sellerie in dünne Scheiben, die geschälte Möhre in Würfelchen schneiden. Den Weißkohl fein hobeln.

Das Öl in einer tiefen Pfanne rauchheiß werden lassen. Fleisch, Zwiebel,

Chilischote, 4 Stengel Bleichsellerie, 1 Möhre, ¼ Weißkohl (etwa 250 g), 4 Eßl. Erdnuß- oder Sojaöl, 200 g geschälte Garnelen oder Scampi, 1 Eßl. Erdnußmus, helle Sojasoße, 4 Frühlingszwiebeln.

Knoblauch und Chili dazugeben und unter ständigem Rühren so lange braten, bis die Zwiebel eben gelb zu werden beginnt. Dann die Garnelen in die Pfanne geben und alles noch 4 Minuten braten. Anschließend das vorbereitete Gemüse hinzufügen und noch 2 Min. mitbraten. Es soll „Biß“ haben.
Die Nudeln untermischen und das Gericht mit Erdnußmus und Sojasoße abschmecken. In eine vorgewärmte Schüssel füllen. Die feingehackten Frühlingszwiebeln darüberstreuen. Mie goreng ganz heiß servieren.
Man kann das Gericht zusätzlich noch mit Gurkenscheiben umlegen und/oder mit Röstzwiebeln (Fertigprodukt) bestreuen.
Dazu schmeckt ein gut gekühltes Bier.

Italien

Fettuccine con Noci e Ricotta

(Bandnudeln mit Nüssen und Quark)

4 Portionen à ca. 6360 kJ (1520 kcal)

500 g Walnüsse aus neuer Ernte oder 250 g Walnußkerne, 1 Bund frischer Majoran, 100 g Speisequark, knapp ¼ l bestes Olivenöl, 100 g frisch geriebener Parmesankäse, Salz, schwarzer Pfeffer aus der Mühle, 500 g grüne oder weiße Fettuccine oder breite Bandnudeln, 3 l Salzwasser, 1 Schuß Öl.

Neue Walnüsse knakken und die Haut von den Kernen abziehen. Walnußkerne mit den abgezupften Majoranblättchen im Mörser zu einer Paste zerstoßen oder im Mixer zerkleinern. In einer Schüssel mit dem leicht ausgedrückten, durch ein Sieb gestrichenen Quark zu einer glatten Masse verrühren. Das Öl in dünnem Strahl einlaufen lassen und kräftig unterschlagen, so daß eine mayonnaiseähnliche Soße entsteht. Dann erst den Parmesan unterziehen. Mit Salz und Pfeffer abschmecken.
Während die Soße bereitet wird, die Nudeln in dem sprudelnd kochenden Salzwasser in 12 Minuten „al dente“ (beißfest) kochen. 5 Minuten vor Ende der Garzeit das Öl dazugeben. Die Nudeln gründlich abtropfen lassen, in eine vorgewärmte Schüssel geben und mit der Hälfte der Nußsoße mischen. Die andere Hälfte darübergeben. Die Nudeln servieren und erst bei Tisch gründlich mit der restlichen Soße vermengen.
Dazu grünen Salat, mit Tomatenachteln vermischt, in einer leichten Kräutermarinade und einen kräftigen italienischen roten Landwein reichen.

Tip *Wenn gerade frisches Basilikum am Markt ist, sollte man halb Basilikum und halb Majoran verwenden. Dann kann man auch auf den Pfeffer verzichten, weil das Basilikum würzig genug ist.*

Fettuccine con Noci
e Ricotta

Italien

Gnocchi alla Veneto

(Nocken auf venetische Art)

4 Portionen à ca. 1655 kJ (395 kcal)

250 g Mehl,
3 kleine Eier,
1 Eßl. Sonnenblumenöl,
¼ Teel. Salz,
Salzwasser,
40 g Butter,
Paprika edelsüß.

Mehl, Eier, Sonnenblumenöl und Salz in eine Schüssel geben und mit den Knethaken des Handrührgerätes oder der Küchenmaschine zu einem glatten Teig verarbeiten.
Das Salzwasser sprudelnd aufkochen lassen. Den Teig portionsweise entweder durch eine Spätzlepresse hineindrücken oder von einem angefeuchteten Brett mit einem Messer in dünnen Streifen hineinschaben. Wenn die Gnocchi (Nokken) an der Oberfläche schwimmen, noch 3 Minuten garen, dann mit einem Schaumlöffel herausnehmen und in eine Schüssel mit lauwarmem Wasser geben.
Sobald alle Nocken fertig sind, gründlich abtropfen lassen und in der zerlassenen Butter wieder erwärmen. In eine vorgewärmte Schüssel geben, mit Paprika überstäuben. Sofort servieren.
Als Beilage zu allen Paprikagerichten wie Gulasch, Paprikahuhn, Rostbraten oder Grillspießchen reichen. Dazu paßt als Getränk ein nicht zu leichter Rotwein.

Italien

Fettuccine con Ricotta

(Bandnudeln mit Quark)

4 Portionen à ca. 4330 kJ (1035 kcal)

500 g Fettuccine (Bandnudeln),
Salzwasser,
1 Schuß Olivenöl,
80 g weiche Butter,
500 g Speisequark,
⅛ l süße Sahne,
100 g frisch geriebener Parmesankäse.

Bandnudeln in dem sprudelnd kochenden Salzwasser, dem ein Schuß Olivenöl beigegeben wurde, in 12 Minuten „al dente" (beißfest) kochen.
In der Zwischenzeit die Butter schaumigrühren, nach und nach den etwas ausgedrückten Quark dazugeben. Die Sahne steifschlagen und eßlöffelweise abwechselnd mit dem geriebenen Käse untermischen.
Die Fettuccine abgießen, gründlich abtropfen lassen und in eine vorgewärmte Schüssel geben. Sofort mit der Quarkmischung vermengen und rasch servieren.
Dazu schmeckt ein mit Gurkenscheiben und fein geschnittenem Borretsch gemischter Römischer Salat in einer leichten Essig-Öl-Marinade, der zusätzlich mit ganz fein gehackten Zwiebeln und Borretschblüten bestreut wird.

Italien

Fettuccine con Zucchini

(Bandnudeln mit Zucchini)

4 Portionen à ca. 3345 kJ (800 kcal)

600 g kleine Zucchini, 6 Eßl. Olivenöl, 1 Knoblauchzehe, 500 g Fettuccine (Bandnudeln), Salzwasser, 1 Schuß Olivenöl, 1 Bund glatte Petersilie, 75 g geriebener Pecorino romano (Schafskäse), ersatzweise frisch geriebener Parmesankäse.

Zucchini abbürsten, in Scheiben schneiden und dabei von Stiel- und Blütenansätzen befreien. Das Öl in einer tiefen Pfanne erhitzen und die geschälte Knoblauchzehe darin hellbraun braten. Dann herausnehmen und die Zucchini hineingeben. Bei starker Hitze anbraten und bei milder Hitze etwa 5 Minuten schmoren lassen. Sie sollen gerade eben gar, aber nicht zu weich sein.
Nebenher die Fettuccine in sprudelnd kochendem Salzwasser beißfest kochen, das kann je nach Sorte 10 bis 12 Minuten dauern. Nach 5 Minuten Kochdauer einen kräftigen Schuß Olivenöl ins Wasser geben.
Die Petersilie abspülen, trockentupfen und fein hacken. Die Nudeln abgießen, gut abtropfen lassen, in eine vorgewärmte Schüssel füllen und mit den heißen Zucchini, der Petersilie und dem Käse mischen. Sofort auftragen.
Dazu schmeckt ein leichter roter Landwein, zum Beispiel ein Chianti.

Spanische Nudelschüssel

4 Portionen à ca. 3745 kJ (895 kcal)

400 g Makkaroni, Salzwasser, 1 Schuß Olivenöl, 2 Zwiebeln, 2 Knoblauchzehen, 200 g magerer Schinkenspeck, 250 g frische Champignons, 4 Eßl. bestes Olivenöl, 1 Eßl. Paprika edelsüß, ¼ l trockener Weißwein, Salz, weißer Pfeffer aus der Mühle, 100 g mit Pimientos gefüllte grüne Oliven.

Die Makkaroni in reichlich sprudelnd kochendem Salzwasser, dem ein kräftiger Schuß Öl zugefügt wurde, etwa 12 bis 15 Minuten garen.
Nebenher die Soße bereiten. Dazu die Zwiebeln und Knoblauchzehen schälen und fein hacken. Speck würfeln. Die Champignons putzen, in einem Küchentuch abreiben und feinblättrig schneiden.
Zwiebeln und Knoblauch in dem heißen Olivenöl goldgelb dünsten, Schinkenspeck dazugeben und leicht Farbe nehmen lassen. Dann die Champignons hinzufügen und dünsten, bis sie eben weich zu werden beginnen. Mit Paprika bestäuben und mit Weißwein ablöschen. Einmal aufkochen lassen. Die Soße mit Salz und Pfeffer abschmecken. Die Oliven abtropfen lassen, in Scheiben schneiden und ganz zum Schluß an die Soße geben.
Makkaroni abtropfen lassen, in eine vorgewärmte Schüssel füllen und mit der Soße übergießen.
Dazu schmeckt Tomaten-Gurken-Salat in Kräutermarinade und ein leichter Rotwein.

Italien

Nudeln mit Basilikum-Sahne

4 Portionen à ca.
3600 kJ (860 kcal)

400 g Tagliatelle verde (grüne Bandnudeln), Salzwasser, 2 Eßl. Olivenöl, 40 g Butter, 5 Knoblauchzehen, 3/8 l Sahne, 1 großes Bund Basilikum, 50 g frisch geriebener Parmesankäse.

Nudeln in reichlich sprudelnd kochendes Salzwasser geben und in etwa 12 Minuten „al dente" (beißfest) kochen. 5 Minuten vor Ende der Garzeit das Öl zufügen.
In der Zwischenzeit die Butter in einem Stieltopf erhitzen. Die geschälten, halbierten Knoblauchzehen darin unter Rühren so lange braten, bis sie braun zu werden beginnen. Dann herausnehmen. Die Sahne angießen und bei starker Hitze unter häufigem Rühren um 1/3 einkochen.
Basilikum waschen, gründlich trockenschwenken und feinstreifig schneiden. In die Sahne geben und 1 Minute dünsten. Die Nudeln abgießen, gründlich abtropfen lassen. In eine vorgewärmte Schüssel geben und mit der heißen Sahnesoße mischen. Mit dem Parmesankäse bestreut sofort auftragen.
Diese Nudeln werden meist als Vorspeise serviert. Dann schmeckt dazu ein kräftiger weißer Landwein. Man kann sie aber auch als Beilage zu zarten Kalbssteaks oder Kalbsbraten reichen.

Israel

Mohnnudeln

4 Portionen à ca.
2320 kJ (555 kcal)

50 g Mohn, 1/8 l Milch, 300 g Bandnudeln, Salzwasser, 60 g blättrig geschnittene Mandeln, 40 g ausgelassenes Hühnerfett (ersatzweise Butterschmalz), frisch gemahlener schwarzer Pfeffer.

Mohn mit kochender Milch übergießen und 10 Minuten quellen lassen. Dann in ein zuvor mit einem Küchentuch ausgelegtes Sieb schütten und gründlich ausdrücken.
Die Bandnudeln in reichlich sprudelndem Salzwasser in 10 Minuten „al dente" (beißfest) kochen.
In der Zwischenzeit Mohn und Mandeln in dem heißen Hühnerfett oder Butterschmalz so lange rösten, bis die Mandeln zu bräunen beginnen. Dabei ständig umrühren.
Die Nudeln abgießen, gut abtropfen lassen und in eine vorgewärmte Schüssel füllen. Sofort mit der Mohn-Mandel-Mischung vermengen, mit Salz und Pfeffer abschmecken und servieren.
Mohnnudeln werden als Vorspeise gereicht. Dazu schmeckt ein kühler, leichter Weißwein besonders gut.

Nudeln mit
Basilikum-Sahne

Italien

Tagliatelle con Prosciutto

(Bandnudeln mit Schinken)

4 Portionen à ca. 3765 kJ (900 kcal)

400 g Mehl,
3 große Eier,
½ Teel. Salz,
Salzwasser,
150 g gekochter Schinken ohne Fettrand,
30 g Butter,
1 Becher süße Sahne (200 g),
100 g geriebener Emmentaler Käse,
50 g frisch geriebener Parmesankäse,
schwarzer Pfeffer aus der Mühle.

Aus Mehl, Eiern und Salz mit den Knethaken der Küchenmaschine einen glatten Nudelteig bereiten. Mit einer Schüssel oder einem Tuch bedeckt 30 Minuten ruhen lassen. Dann auf der bemehlten Arbeitsfläche messerrückendünn ausrollen und in 1 cm breite Streifen schneiden.
In reichlich sprudelnd kochendem Salzwasser in 8 bis 10 Minuten „al dente" (beißfest) kochen.
Den Schinken nicht zu fein würfeln und in der Butter kurz anbraten. Mit Sahne aufgießen und diese zum Kochen bringen. Beide Käsesorten einrühren und schmelzen lassen. Mit Pfeffer pikant abschmecken.
Die Nudeln abgießen, gründlich abtropfen lassen und in eine Schüssel geben. Mit der Soße übergießen, diese aber nicht untermischen. Die Nudeln im vorgeheizten Backofen (220°, Gas Stufe 4) einige Minuten überbacken, bis die Spitzen sich eben braun färben. Sofort servieren.
Dazu frischen Salat der Saison oder in Butter gedünsteten, mit etwas Parmesan bestreuten Fenchel reichen. Als Getränk ist ein trockener italienischer Weißwein zu empfehlen.

Japan

Glasnudeln mit Schweinefleisch

4 Portionen à ca. 2575 kJ (615 kcal)

500 g mageres Schweinefleisch (Filet oder Schnitzel),
250 g junge Möhren,
250 g Lauch (Porree),
6 Eßl. Erdnuß- oder Sojaöl,
1 kleines Stück frischer Ingwer (ca. 3 cm lang),
250 g Glasnudeln,
3 l Salzwasser,
japanische Sojasoße.

Das Schweinefleisch schräg zur Faser in hauchdünne Scheiben, Möhren und Lauch putzen, in streichholzdünne Stifte schneiden.
Das Öl in einer Pfanne erhitzen, das Fleisch darin unter Rühren knapp 5 Min. braten. Mit einem Schaumlöffel herausheben, beiseite stellen.
In dem heißen Öl nun das Gemüse unter ständigem Rühren 3 Minuten mehr dünsten als braten. Pfanne vom Herd nehmen.
Den Ingwer schälen und ganz fein hobeln.
Die Glasnudeln in das kochende Salzwasser geben und in 2 Minuten garen. Abgießen und abtropfen lassen.
Fleisch, Ingwer und Nudeln unter das Gemüse mischen. Alles mit Sojasoße würzen, noch mal erhitzen und auf warmen Tellern servieren.
Dazu Salat aus Sojabohnensprossen reichen.

Ifu Mie mit zweierlei Fleisch

(Indonesisches Nudelgericht)

4 Portionen à ca. 2425 kJ (580 kcal)

250 g mageres Schweinefleisch, 250 g Hühnerbrustfilet, 200 g junge Möhren, 200 g Staudensellerie, 200 g Frühlingszwiebeln (ersatzweise junger Lauch), 8 Eßl. Erdnuß- oder Sojaöl, 150 g chinesische Eiernudeln, Salzwasser, 1/8 l kräftige Hühnerbrühe, 1 geh. Teel. Speisestärke, salzige Sojasoße.

Schweine- und Hühnerfleisch in dünne Streifen, geschälte Möhren in schräge Scheiben, Sellerie und Frühlingszwiebeln putzen und in Scheiben bzw. Ringe schneiden.
2 Eßl. Öl in einer tiefen Pfanne erhitzen, das Fleisch darin unter häufigem Rühren 2 Minuten anbraten.
Nebenher die Nudeln in reichlich kochendem Salzwasser in 10 Minuten garen, abgießen, abtropfen lassen und mit 2 Eßl. Öl mischen, damit sie nicht zusammenkleben.
Das Gemüse zu dem Fleisch geben, 2 Minuten braten lassen, dann mit Hühnerbrühe aufgießen und 7 Minuten dünsten lassen. Speisestärke mit kaltem Wasser glattrühren, die Dünstflüssigkeit damit binden. Das Gemüse mit Sojasoße pikant abschmecken.
Jeweils 1 Eßl. Öl in einer Pfanne erhitzen und die Nudeln in 4 Portionen auf beiden Seiten knusprig braun braten. Auf vorgewärmte Teller geben und mit dem Fleisch-Gemüse-Gericht bedecken. Sofort servieren.
Als Getränk paßt dazu am besten Bier oder auch Mineralwasser.

Italien

Tortellini mit einfacher Käsesoße

4 Portionen à ca. 2010 kJ (480 kcal)

500 g mit Fleisch gefüllte Tortellini (vakuumverpackt oder getrocknet), 1½ l Fleischbrühe, 30 g Butter, 30 g Mehl, ¼ l Fleischbrühe, 1/8 l Milch, 1/8 l süße Sahne, 50 g geriebener Emmentaler Käse, 25 g geriebener Parmesankäse, frisch gemahlener schwarzer Pfeffer, 1 Prise Muskatnuß, etwas Zitronensaft, 1 Handvoll Kerbel.

Tortellini in der kochenden Fleischbrühe in 20 Minuten garen.
In der Zwischenzeit die Soße bereiten: Butter in einem Topf erhitzen. Mehl hineinschütten und unter Rühren goldgelb anschwitzen. Mit Fleischbrühe und Milch aufgießen und 8 Minuten kräftig kochen. Dabei ständig rühren. Sahne und beide Käsesorten untermischen. Die Soße mit Pfeffer, Muskatnuß und Zitronensaft abschmecken.
Kerbel abspülen, trockenschwenken und grob hacken. Tortellini abtropfen lassen. In eine vorgewärmte Schüssel füllen, mit der Soße vermischen und mit Kerbel bestreut sofort servieren.
Dazu grünen Salat in einer milden Essig-Kräuter-Marinade reichen. Als Getränk paßt ein leichter Weißwein.

Tip *Für die Soße können auch Reste von anderen Hartkäsesorten verwendet werden.*

Italien

Minestrone alla Napoletana

(Gemüsesuppe)

4 Portionen à ca. 1755 kJ (420 kcal)

500 g mageres Suppenfleisch vom Rind,
250 g Suppenknochen,
2 Thymianzweige,
1 Lorbeerblatt,
2 Knoblauchzehen,
Salzwasser,
1 kleiner Blumenkohl,
250 g reife Tomaten,
1 Stange Lauch,
2 Möhren,
200 g TK-Erbsen,
150 g kurze Spaghetti,
Salz,
1 Prise Zucker,
weißer Pfeffer.

Suppenfleisch und Knochen abspülen und in einen Topf geben. Dazu Thymianzweige, Lorbeerblatt und die geschälten Knoblauchzehen. Mit soviel Wasser begießen, daß es gut zweifingerhoch über dem Fleisch steht. Zum Kochen bringen, dabei hin und wieder abschäumen. Zugedeckt 2 Stunden köcheln lassen. Fleisch und Knochen herausnehmen. Die Brühe durchsieben. Während die Brühe kocht, Blumenkohl in Röschen teilen, Tomaten häuten, vierteln, entkernen, von den grünen Stengelansätzen befreien und grob würfeln. Lauch putzen, waschen und in Ringe schneiden. Möhren schälen und würfeln.
Die Brühe erneut zum Kochen bringen. Zuerst die Blumenkohlröschen und die Möhren hineingeben und 10 Minuten kochen lassen. Dann die Erbsen dazugeben. Sobald die Brühe wieder kocht, Tomatenwürfel, Lauch und Spaghetti hinzufügen. Die Suppe noch 6 bis 8 Minuten kochen. Mit Salz, Zucker und Pfeffer pikant abschmecken. In einer vorgewärmten Schüssel servieren.
Dazu nur frisches Weißbrot reichen.

Scharfe Nudeln chinesische Art

4 Portionen à ca. 2635 kJ (630 kcal)

250 g chinesische Eiernudeln,
20 g Mehl,
3 Eßl. Erdnußöl,
¼ l Hühnerbrühe,
250 g frische Champignons,
50 g Mandelsplitter,
250 g Kalbsbraten- oder Hähnchenreste,
4 schnittfeste Tomaten,
⅛ l Sahne,
2 Eßl. salzige Sojasoße, Salz,
weißer Pfeffer,
1 Pr. Curry, Zitronensaft.

Die Nudeln in reichlich Salzwasser in etwa 15 Minuten garen.
Das Mehl in dem sehr heißen Öl leicht bräunen. Mit der Hühnerbrühe aufgießen und 5 Minuten kräftig kochen lassen. Dabei häufig umrühren. Nebenher die Champignons putzen, in einem Küchentuch abreiben und vierteln. Mit den Mandelsplittern in die Soße geben. Noch 5 Minuten köcheln lassen.
In der Zwischenzeit das Fleisch in mundgerechte Würfel und die Tomaten in Achtel schneiden. Die Nudeln abgießen und zusammen mit Fleisch und Tomaten in die Soße geben. Die Sahne unterrühren und alles mit Sojasoße, Salz, Pfeffer, Curry und Zitronensaft würzen, noch mal erhitzen. In einer vorgewärmten Schüssel servieren.
Dazu schmeckt ein Salat aus Sojabohnensprossen in einer scharfen Essig-Öl-Soja-Marinade.

Minestrone
alla Napoletana

Italien

Tagliatelle con Fave

(Bandnudeln mit dicken Bohnen)

4 Portionen à ca. 5000 kJ (1195 kcal)

2000 g frische dicke Bohnen,
1 Zwiebel,
1 Knoblauchzehe,
3 Eßl. bestes Olivenöl,
Wasser,
Salz,
2 Stengel Bohnenkraut oder Basilikum,
400 g grüne oder gelbe Bandnudeln,
75 g frisch geriebener Parmesankäse.

Die Bohnen enthülsen und wenn nötig die Innenhaut abziehen.
Zwiebeln und Knoblauchzehe schälen und fein hacken. In dem heißen Olivenöl braten, bis die Zwiebel glasig ist.
Die Bohnenkerne zufügen. Mit soviel Wasser auffüllen, daß sie eben bedeckt sind. Salzen und das Bohnenkraut dazugeben. Deckel auflegen, jedoch einen Spalt offen lassen. Bei starker Hitze so lange kochen, bis das Wasser verdampft ist.
Dann sind auch die Bohnen gar.

In der Zwischenzeit die Bandnudeln in reichlich sprudelndem Salzwasser in etwa 10 Minuten „al dente" (beißfest) kochen, abgießen und abtropfen lassen. Gründlich mit den Bohnen mischen. In einer vorgewärmten Schüssel anrichten und mit dem Parmesan bestreut servieren.
Dazu schmeckt ein leichter roter Landwein.

Italien

Fettuccine alla Romana

(Bandnudeln auf römische Art)

4 Portionen à ca. 3370 kJ (805 kcal)

1 kg frischer Blattspinat,
2 kleine Zwiebeln,
1 Knoblauchzehe,
1 Eßl. bestes Olivenöl,
20 g Butter,
2 Eßl. Pinienkerne,
500 g Fettuccine (Bandnudeln),
Salzwasser,
1 Schuß Olivenöl,
100 g roher Schinken ohne Fettrand,
100 g gekochter Schinken ohne Fettrand,
Salz,
geriebene Muskatnuß.

Spinat verlesen, gründlich waschen und abtropfen lassen.
Zwiebeln und Knoblauchzehe schälen und fein hacken.
Olivenöl und Butter in einem großen Topf erhitzen. Die Pinienkerne darin kurz anrösten. Zwiebeln und Knoblauch dazugeben und glasig werden lassen. Dann erst den Spinat zufügen und zugedeckt bei milder Hitze 5 Min. dünsten.
Nebenher die Bandnudeln in reichlich sprudelnd kochendem Salzwasser „al dente" (beißfest) kochen. Nach 5 Min. Kochzeit einen kräftigen Schuß Öl ins Wasser geben.
Beide Schinkensorten fein hacken.
Die Nudeln abgießen und abtropfen lassen. In eine vorgewärmte Schüssel geben und mit Spinat und Schinken mischen. Mit Salz und geriebener Muskatnuß abschmecken.
Sofort servieren.
Dazu schmecken gegrillte Lammkoteletts oder Schweinekoteletts oder Kalbsbraten.
Als Getränk ist ein Rosé zu empfehlen.

Italien

Fettuccine „Adriano"

(Bandnudeln auf Adrianos Art)

4 Portionen à ca. 3660 kJ (875 kcal)

400 g Fettuccine (breite Bandnudeln), Salzwasser, ³/₈ l süße Sahne, 200 g frisch geriebener Parmesankäse, frisch geriebene Muskatnuß.

Nudeln in reichlich sprudelnd kochendem Salzwasser in etwa 12 Min. „al dente" (beißfest) kochen.
In einem zweiten Topf die Sahne aufkochen. Die Nudeln abgießen und abtropfen lassen. Sofort in die Sahne geben und gründlich mischen. Nun nach und nach den Parmesan zufügen und ständig unterrühren. Erst dann das Gericht mit Muskatnuß abschmecken. Wenn nötig noch leicht salzen.
Die Fettuccine zu Kalbsschnitzel, gebratenem Kalbsbries oder Rindersteaks reichen.

Tip *Bei allen Nudelgerichten dieser Art kann man entweder die Nudeln selber zubereiten (Beispiele finden Sie in diesem Kapitel) oder fertig gekaufte verwenden. Damit sie aber auch wirklich „italienisch" schmekken, nimmt man am besten Importware, die es in Feinkostgeschäften und italienischen Läden gibt. Eines ist jedoch zu beachten: Frisch hergestellte Nudeln brauchen meist keine so lange Kochzeit wie getrocknete aus dem Handel. Darum stets eine Garprobe machen.*

Italien

Paglia e Fieno

(„Heu und Stroh")

4 Portionen à ca. 3660 kJ (875 kcal)

200 g grüne Bandnudeln, 200 g rote Bandnudeln, Salzwasser, 1 kräftiger Schuß Olivenöl, 200 g gekochter Schinken ohne Fett, 30 g Butter, ¼ l süße Sahne, Salz, schwarzer Pfeffer aus der Mühle, 100 g frisch geriebener Parmesankäse, ½ Bund Basilikum.

Beide Nudelsorten zusammen in reichlich sprudelnd kochendem Salzwasser, dem ein kräftiger Schuß Olivenöl zugefügt wurde, in etwa 12 Minuten „al dente" (beißfest) kochen.
In der Zwischenzeit den Schinken in dünne Streifen schneiden und in der heißen Butter etwa 2 Minuten braten. Die Sahne angießen und einmal aufkochen. Nach und nach die Hälfte des Parmesan einrühren und schmelzen lassen. Die gekochten Nudeln abgießen, gut abtropfen lassen und dann untermischen.
Mit dem zuvor abgespülten, trockengeschwenkten und in Streifen geschnittenen Basilikum und dem restlichen Parmesan bestreuen.
Dazu schmeckt kräftiger, trockener Weißwein.

Spanien

Katalanische Nudelsuppe

4 Portionen à ca. 3955 kJ (945 kcal)

250 g Querrippe vom Rind, je 200 g mageres Lamm- und Hammelfleisch, 250 g Suppenknochen, 2 Markknochen, 1 Zwiebel, 1 Lorbeerblatt, 3 Gewürznelken, 10 Pfefferkörner, Salz, 4 Möhren, ½ Knolle Sellerie, 2 kleine Fenchelknollen, 200 g weiße Schleifennudeln, 1 Teel. gekörnte Fleischbrühe (Instant), schwarzer Pfeffer aus der Mühle, 1 Prise geriebene Muskatnuß, ½ Bund Petersilie.

Zwei Liter Wasser in einem großen Topf sprudelnd aufkochen. Alle drei Fleischsorten und die Knochen gründlich abspülen und einlegen.
Die Zwiebel schälen und mit Lorbeerblatt und Nelken spicken. Zusammen mit den Pfefferkörnern zum Fleisch geben. Zugedeckt etwa 90 Minuten köcheln lassen. Erst nach 30 Minuten mit Salz abschmecken.
Die Möhren schälen und in Scheiben oder Würfel schneiden. Sellerie ebenfalls schälen und fein würfeln. Fenchelknollen putzen und in Streifen schneiden.
Fleisch und Knochen aus der Brühe nehmen und die Brühe durch ein Sieb gießen. Wieder aufkochen und das Gemüse hineinlegen. 15 Minuten kochen lassen. Nach 8 Minuten Nudeln zufügen.
Nebenher das Fleisch in kleine Würfel schneiden. In eine vorgewärmte Terrine geben. Die Suppe mit Fleischbrühe und Pfeffer abschmecken. Über das Fleisch geben. Mit der zuvor abgespülten, trockengeschwenkten und gehackten Petersilie bestreut servieren. Dazu ein kräftiges, frisches Landbrot reichen.

Tip *Es mag etwas ungewöhnlich anmuten, aber es schmeckt wirklich sehr gut, wenn diese Suppe noch mit einem kräftigen Schuß trockenem Sherry (fino) verfeinert wird.*

Italien

Gnocchi alla Romana

(Römische Nocken)

4 Portionen à ca. 2530 kJ (605 kcal)

½ l Milch, 1 Teel. Salz, 75 g Grieß, 75 g Mehl, 2 große Eier, 150 g frisch geriebener Parmesankäse, schwarzer Pfeffer aus der Mühle, geriebene Muskatnuß, 100 g Butter.

Milch und Salz aufkochen. Grieß und Mehl unter ständigem Rühren einrieseln und ausquellen lassen. Vom Herd nehmen und die Eier untermischen. Mit 100 g Parmesan, Pfeffer und Muskatnuß verrühren.
Ein Backblech dick einfetten und die Gnocchi-Masse etwa 5 mm dick daraufstreichen. Nach 1 Stunde Plätzchen von ca. 3 cm ∅ ausstechen. Feuerfeste Form ausfetten, die Gnocchi dachziegelartig hineinschichten, mit zerlassener Butter begießen. Mit dem Rest Käse bestreuen und in den vorgeheizten Backofen (200°, Gas Stufe 3) schieben. 15 Min. überbacken, dann sofort servieren.
Als Beilage zu Beefsteaks oder Kalbfleisch reichen.

Katalanische Nudelsuppe

Italien

Pasta alla Toscana

(Nudeln auf toskanische Art)

4 Portionen à ca. 4395 kJ (1050 kcal)

450 g TK-Blattspinat, 350 g gelbe Bandnudeln (Tagliatelle), Salzwasser, 4 Eßl. Olivenöl, 3 Zwiebeln, 3 Knoblauchzehen, 30 g Butter, 400 g Kalbsbratwurstbrät, 1 Bund glatte Petersilie, Salz, geriebene Muskatnuß, 125 g frisch geriebener Pecorino senese (ersatzweise frischer Parmesan).

Blattspinat bei Zimmertemperatur antauen lassen.
Die Nudeln in sprudelnd kochendem Salzwasser, dem 1 Eßl. Olivenöl beigegeben wurde, in 10 Minuten „al dente" (beißfest) kochen.
Das restliche Olivenöl erhitzen und die geschälten, in Scheiben geschnittenen Zwiebeln und Knoblauchzehen darin goldgelb braten.
Das Brät mit angefeuchteten Händen zu haselnußgroßen Klößchen formen und in der Butter rundherum 5 Minuten braten.
Den Spinat zu der Zwiebel-Knoblauch-Mischung geben und in 5 Minuten garen. Petersilie abspülen, trockenschwenken, fein hacken und dazugeben.
Nudeln abgießen und gründlich abtropfen lassen. Alles lagenweise in eine Schüssel schichten, dabei jede Schicht mit etwas Käse bestreuen. Sofort auftragen.
Dazu einen Römischen Salat in Essig-Öl-Marinade und frisches Weißbrot servieren. Als Getränk paßt ein herber Weißwein besonders gut.

Spanien

Baskische Gemüsenudeln

4 Portionen à ca. 2260 kJ (540 kcal)

4 Gemüsezwiebeln, 2 Knoblauchzehen, je 1 rote und 1 grüne Paprikaschote, 250 g Weißkohl, 4 Eßl. Sonnenblumenöl, Kräutersalz, 400 g Buchweizennudeln aus dem Reformhaus, Salzwasser.

Zwiebeln schälen und hacken. Die Knoblauchzehen ebenfalls schälen und durch die Presse drücken. Paprikaschoten putzen, waschen, abtropfen lassen und in dünne Streifen oder in Würfel schneiden. Den Weißkohl fein hobeln.
Das Öl in einem großen Topf erhitzen, zuerst die Zwiebeln darin glasig braten. Dann das übrige Gemüse dazugeben und bei nicht zu starker Hitze unter ständigem Rühren so lange anbraten, bis es Saft abzugeben beginnt. Nun im eigenen Saft zugedeckt ca. 15 Minuten garen. Mit Kräutersalz abschmecken.
In der Zwischenzeit die Nudeln in reichlich sprudelnd kochendem Wasser weich kochen. Abgießen, abtropfen lassen. Mit dem Gemüse mischen und eventuell mit Kräutersalz nachwürzen. Frisch gehackte Kräuter der Saison nach Belieben darüberstreuen.
Zu Rostbratwürsten, Grillfleisch oder kurzgebratenem Fleisch servieren.

Italien

Tortellini alla Panna

(Teigtaschen mit Sahne)

500 g mit Fleisch gefüllte Tortellini (fertig gekauft), Salzwasser, 40 g Butter, 6–8 Salbeiblätter, 2 Knoblauchzehen, ¼ l süße Sahne, 40 g frisch geriebener Parmesankäse.

Tortellini in reichlich sprudelnd kochendem Salzwasser in etwa 15 Min. „al dente" (beißfest) kochen.
In der Zwischenzeit die Butter erhitzen. Die abgespülten, trockengetupften Salbeiblätter und die geschälten Knoblauchzehen darin so lange braten, bis der Knoblauch eben Farbe zu nehmen beginnt. Die Sahne dazugießen und bei starker Hitze um knapp die Hälfte einkochen lassen. Salbei und Knoblauch entfernen. Tortellini abgießen, gründlich abtropfen lassen und in eine vorgewärmte Schüssel geben. Die Sahne dazugießen und den Käse darüberstreuen. Gründlich untermischen und die Tortellini sofort servieren.
Dazu einen Salat aus Fenchel, Streifen von Römischem Salat, gehäuteten Orangenschnitzen und schwarzen Oliven in einer leichten Zitronen-Öl-Marinade reichen.

China

Gebratene Nudeln mit gemischtem Fleisch

4 Portionen à ca. 2700 kJ (645 kcal)

250 g chinesische Eiernudeln, 1 Eßl. Öl, 250 g geschälte Garnelen, 250 g gekochtes Hühnerfleisch, 250 g gekochtes oder gebratenes Schweinefleisch, 4 Knoblauchzehen, 2 Zwiebeln, ¼ Weißkohl (ca. 200 g), 1 rote Paprikaschote, 4 Eßl. Erdnuß- oder Sojaöl, helle Sojasoße, grob gemahlener schwarzer Pfeffer.

Eiernudeln laut Packungsaufschrift zubereiten, nach dem Abtropfen auf einem Küchentuch ausbreiten und mit Öl beträufeln.
Garnelen wenn nötig halbieren. Hühner- und Schweinefleisch in feine Streifen schneiden. Knoblauchzehen und Zwiebeln schälen und fein hacken. Kohl fein hobeln. Die Paprikaschote putzen, waschen, abtropfen lassen und würfeln.
Das Öl in einer tiefen Pfanne erhitzen, Zwiebeln und Knoblauch darin hellgelb anbraten, dann den Kohl und die Paprikaschote dazugeben und unter Rühren 3 bis 4 Minuten schmoren lassen. Zum Schluß das Fleisch, die Nudeln und die Garnelen in die Pfanne geben und alles weitere 3 Minuten braten. Mit Sojasoße und Pfeffer pikant abschmecken. Auf einer vorgewärmten Platte anrichten.
Das Gericht nach Belieben mit gerösteten Erdnüssen, gerösteten Mandeln oder Cashew-Kernen bestreuen.

China

Blumenrollen

4 Portionen à ca.
2090 kJ (500 kcal)

30 g Hefe,
1 Eßl. Zucker,
6 Eßl. lauwarmes Wasser,
400 g Weizenmehl,
¼ l lauwarme Milch,
Mehl zum Ausrollen,
2 Eßl. Sesam- oder Erdnußöl.

Hefe zerbröseln und mit Zucker und Wasser zu einem Vorteig verrühren. Mit einem Tuch bedeckt an einem warmen Ort 5 Minuten stehen lassen, bis die Hefe Blasen wirft. Das Mehl in eine große Schüssel sieben. Unter ständigem Rühren zuerst den Vorteig, dann die Milch einlaufen lassen. Den Teig kräftig durchkneten, bis er Blasen bildet, dann in eine große Schüssel legen. Darüber ein zuvor in heißem Wasser ausgespültes, gut ausgedrücktes Küchentuch legen. Den Teig an einem zugfreien Ort in 2 Stunden aufgehen lassen. Anschließend in zwei Hälften teilen.

Auf der bemehlten Arbeitsfläche beide Teigteile zu Rechtecken von je 30 mal 20 cm ausrollen und die Oberflächen dünn mit Sesam- oder Erdnußöl bestreichen. Die Teigplatten von den Längsseiten aus wie Rouladen zusammenrollen und in etwa 2 cm dicke Rollen schneiden. Immer zwei Rollen übereinandersetzen und mit einem Eßstäbchen fest auf die obere Rolle drücken, damit der Teig zusammenklebt. Beide Enden der Doppelrollen mit Daumen und Zeigefinger halten und so lange daran ziehen, bis sie lang genug sind, um sich zu treffen. Die Enden fest zusammendrücken und die Rollen auf den Enden in einen Locheinsatz des Schnellkochtopfs setzen. Einen Topf, in den der Locheinsatz paßt, 2 cm hoch mit kochendem Wasser füllen, den Locheinsatz auf einem Dreifuß hineinstellen. Das Wasser zum Kochen bringen, den Topf gut schließen und die Blumenrollen 8 Minuten dämpfen. Die fertigen Blumenrollen auf einer vorgewärmten Platte anrichten.

Wird in zwei Partien gegart, können die ersten Rollen noch mal für 3 Minuten im Wasserdampf erhitzt werden.

Wie in China die Blumenrollen zu besonders dekorativen Gerichten und zum Chrysanthemen-Topf (Chinesisches Fondue) servieren.

Variation:

Blumenrollen schmecken auch ganz „unchinesisch“ mit brauner Butter übergossen und mit Käse bestreut.

China

Wan-Tan-Teighüllen

4 Portionen à ca. 1255 kJ (300 kcal)

300 g Weizenmehl,
½ Teel. Salz,
1 großes Ei,
⅛ l Wasser,
Mehl zum Ausrollen.

(Foto Seite 105)

Mehl in eine Schüssel sieben. Salz dazugeben. Das Ei mit dem Wasser verquirlen. In einem dünnen Strahl in das Mehl einlaufen lassen, dabei ständig mit einer Gabel oder einem Schneebesen rühren.
Den Teig so lange kneten, bis er ganz glatt geworden ist. Dann auf der bemehlten Arbeitsfläche papierdünn ausrollen und in kleine Rechtecke oder Quadrate schneiden.
Wan-Tans können mit beliebiger süßer oder pikanter Farce gefüllt werden.
Man verwendet sie als Suppeneinlage und läßt sie in der jeweiligen Brühe garen, oder man fritiert sie in heißem Fett.
Wan-Tans mit süßer Füllung, zum Beispiel aus gehackten Datteln, mit Nüssen gemischt, werden fritiert und als Dessert gereicht.
Als pikante Füllung kann man sowohl die im nächsten Rezept (Teigtaschen mit Fleischfüllung) erwähnte verwenden, als auch alle in dem Kapitel für gefüllten Nudelteig (siehe Seite 64–83) beschriebenen Farcen.
Die rechteckigen Teigfladen werden zu Taschen oder Rollen geformt:
Für die Taschen legt man die Füllung länglich diagonal auf den Teig, dann schlägt man eine Teigecke von oben her über die Füllung und klappt die beiden seitlichen Ecken darüber. Den Teig dann um die Füllung herum aufrollen.
Für die Rollen wird die Farce ebenfalls diagonal auf den Teig gelegt. Die obere Teigecke darüberklappen, den restlichen Teig aufrollen. Die Teigecken durch Drehen verschließen.
Die quadratischen Teigstücke kann man wie Tortellini auf zwei Arten formen:
Man gibt etwas Füllung, länglich geformt, in die Mitte des Teigstücks und dreht den Teig als Rolle zusammen. Die Teigenden werden vor die Rolle gezogen und zusammengedrückt.
Oder man gibt einen Teelöffel Füllung genau in die Mitte und klappt zwei Teigenden diagonal zu einem Dreieck zusammen. Die beiden spitzen Ecken werden nun zusammengeführt und fest angedrückt.

China

Teigtaschen mit Fleischfüllung

6 Portionen à ca. 2175 kJ (520 kcal)

1 Rezept Nudelteig (wie für „Blumenrollen", Seite 104), 500 g Schweinefilet, 4 Eßl. Erdnußöl, 1 Teel. Zucker, 2 Eßl. chinesische Sojasoße, 2 Eßl. Speisestärke, 1 Bund Schnittlauch, Mehl zum Ausrollen.

(Foto Seite 105)

Nudelteig wie beschrieben zubereiten und ruhen lassen.
In der Zwischenzeit das Schweinefilet in 2 Eßl. Erdnußöl rundherum kräftig anbraten, abkühlen lassen und fein hacken.
Das restliche Erdnußöl erhitzen, das Fleisch darin bei starker Hitze unter Rühren 2 Minuten braten. Anschließend mit Zucker und Sojasoße mischen.
Speisestärke mit Wasser glattrühren, mit dem Fleisch vermengen. Noch einmal aufkochen und 10 Sekunden kochen lassen.
Schnittlauch in Röllchen schneiden und mit dem Fleisch vermischen.
Den Teig auf der bemehlten Arbeitsfläche zu einer Rolle von etwa 5 cm Durchmesser formen und 2,5 cm dicke Scheiben abschneiden. Jede Scheibe zu 10 cm Durchmesser ausrollen und mit 1 Eßl. Füllung bedecken. Den Teig in losen Falten um die Füllung ziehen und oben mit einer kräftigen Drehung fest verschließen. Jede Teigtasche auf ein etwa 5 cm großes Pergamentpapierquadrat setzen, mit einem Küchentuch bedecken und noch mal 30 Minuten gehen lassen.
Den Topf wie bei „Blumenrollen" beschrieben vorbereiten. Die Teigtaschen in den Locheinsatz geben und gut verschlossen 10 Minuten dämpfen. Auf einer vorgewärmten Platte anrichten und als Vorspeise oder Zwischengericht servieren.

Südtiroler Honignudeln

4 Portionen à ca. 3450 kJ (825 kcal)

375 g helle Bandnudeln, Salzwasser, 50 g Rosinen, 4 Eßl. Rum, 1 unbehandelte Zitrone, 50 g Butter, 150 g flüssiger Blütenhonig, 100 g gehackte Haselnüsse.

Bandnudeln in reichlich sprudelnd kochendem Salzwasser 12 bis 15 Min. kochen.
Die Rosinen in dem Rum einweichen.
Zitronenschale abreiben, die Zitrone ausdrücken.
Die Hälfte der Butter in einem Stieltopf schmelzen, Honig, Zitronensaft und -schale hineingeben und den Honig auflösen.
Haselnüsse in der restlichen Butter goldbraun rösten.
Die Nudeln abgießen, abtropfen lassen, in eine vorgewärmte Schüssel geben und rasch mit den Rosinen, der Honigsoße und den Nüssen mischen. Sofort servieren.
Als Dessert werden diese Nudeln „solo" serviert, als süßen Hauptgang reicht man dazu Kompott.

Orig
ITALIENISCHE
Parm

Pasta al forno

Nudeln, Eier, Sahne,
Käse und noch mehr – im Ofen
überbacken werden sie zum
kulinarischen
Hochgenuß

Pasta Tripolo

Rezept nächste Seite

Pasta Tripolo

(Auflauf mit drei Nudelsorten)

4 Portionen à ca. 3935 kJ (940 kcal)

150 g TK-Spinat,
1 kleine Zwiebel,
1 Knoblauchzehe,
2 Eßl. feinstes Olivenöl,
100 g geriebener Parmesankäse,
100 g Kalbsbratwurstbrät,
1000 g vollreife Fleischtomaten,
Salz,
weißer Pfeffer,
½ Teel. gerebelter Thymian,
½ Teel. getrocknetes Basilikum,
8 Cannelloni,
150 g mit Fleisch gefüllte Tortellini,
150 g lange Spaghetti,
Salzwasser,
4 Eßl. Öl,
Butter zum Einfetten,
¼ l süße Sahne.

(Foto Seite 108/109)

Spinat etwas antauen lassen. Zwiebel und Knoblauchzehe schälen, hacken und in dem Öl glasig braten. Den Spinat dazugeben und bei schwacher Hitze im eigenen Saft auftauen lassen. Dann mit 25 g Parmesan und dem Kalbsbratwurstbrät mischen.
Die Tomaten waschen, vierteln und dabei von den grünen Stengelansätzen befreien. In einem geschlossenen Topf bei milder Hitze im eigenen Saft garen. Dann durch ein Sieb streichen und im offenen Topf unter häufigem Rühren dicklich einkochen lassen. Erst dann mit Salz, Pfeffer, Thymian und Basilikum abschmecken.
Nebenher die drei Nudelsorten (Cannelloni, Tortellini, Spaghetti) getrennt voneinander in reichlich sprudelndem Salzwasser, dem jeweils etwas Öl beigegeben wurde, in 12 Minuten „al dente" (beißfest) kochen, abgießen und abtropfen lassen. Die Cannelloni mit der Spinat-Brät-Mischung füllen.
4 feuerfeste Servierschalen mit Butter einfetten. Jeweils 2 Cannelloni und je ein Viertel der übrigen Nudeln hineingeben. Mit der Sahne begießen und die Tomatensoße darüber verteilen. Mit dem restlichen Parmesan bestreuen. Die Formen in den vorgeheizten Backofen (220°, Gas Stufe 4) stellen und so lange überbacken, bis der Käse leicht gebräunt ist.
In den Formen sofort servieren.
Dazu einen kräftigen, trockenen italienischen Weißwein und Salate der Saison reichen.

Tip *Fleischtomaten sind bei uns oft teuer und auch nicht immer erhältlich. Dann kann man auf italienische Dosentomaten (Pomodori pelati) zurückgreifen. Sie werden abgegossen (Saft auffangen) und gehackt. Dabei eventuell noch vorhandene Stengelansätze entfernen. Die Tomaten mit ihrem Saft wie beschrieben einkochen lassen. Sollten übrigens gerade frische Kräuter auf dem Markt sein, gibt man je 1 Löffel Thymian und Basilikum (beide gehackt) in die Soße.*

Überbackene Spinat-Nudel-Rolle

4 Portionen à ca. 3640 kJ (870 kcal)

**300 g Mehl,
2 Eier,
½ Teel. Salz,
5–6 Eßl. Wasser,
1 Pckg. TK-Spinat (300 g),
2 Zwiebeln,
2 Knoblauchzehen,
20 g Butter,
2 Eßl. bestes Olivenöl,
Salz,
schwarzer Pfeffer aus der Mühle,
geriebene Muskatnuß,
150 g Quark,
10 cl Crème fraîche oder dicke saure Sahne,
je 100 g geriebener Parmesankäse und Mozzarella,
Mehl zum Ausrollen,
8 dünne Scheiben Parmaschinken,
Salzwasser,
1 Dose geschälte Tomaten (800 g),
½ Bund Basilikum,
½ Teel. gerebelter Oregano.**

Aus Mehl, Eiern, Salz und Wasser einen Nudelgrundteig (S. 10) zubereiten und mit einer umgestülpten Schüssel bedeckt 20 Minuten ruhen lassen.
In der Zwischenzeit den Spinat etwas antauen lassen. Zwiebeln und Knoblauchzehen schälen, fein hacken. In der Butter und 1 Eßl. Öl glasig braten. Den Spinat zufügen und im geschlossenen Topf bei milder Hitze auftauen und 4 Minuten garen lassen. Dann mit Salz, Pfeffer und Muskatnuß abschmecken.
Den Quark etwas ausdrücken, mit Crème fraîche, 50 g Parmesan und dem in feine Würfel geschnittenen Mozzarella mischen. Mit Salz und Pfeffer abschmecken.
Den Teig auf einem ganz wenig bemehlten Küchentuch messerrückendünn ausrollen und mit dem Schinken belegen. Darauf zuerst den Spinat, dann die Quark-Käse-Mischung streichen. Den Teig mit dem Tuch von der Längsseite her aufrollen und die Teigenden fest zusammendrücken.
Reichlich Salzwasser in einem großen Topf sprudelnd aufkochen lassen. Den Nudelring mit dem Tuch so hineingeben, daß die Tuchenden über den Topf hinaushängen. Das Wasser nur noch köcheln lassen und den Ring in 35 Minuten garen.
In der Zwischenzeit die Tomaten abgießen (den Saft anderweitig verwenden) und hacken. Unter ständigem Rühren in einem großen Topf dicklich einkochen lassen. Basilikum abspülen, trockenschwenken und hacken. Mit den Tomaten vermischen. Diese Soße noch mit Oregano und Salz abschmecken.
Den Teigring aus dem Wasser heben und auf ein mit dem restlichen Olivenöl eingefettetes Backblech legen. Mit der Tomatensoße bestreichen und mit dem Rest Parmesan bestreuen. In dem vorgeheizten Backofen (220°, Gas Stufe 4) 20 Minuten überbacken. Auf eine runde, vorgewärmte Platte legen und servieren.
Dazu einen leichten Rosé oder einen italienischen roten Landwein reichen.

Makkaroni-Geflügelleber-Auflauf

4 Portionen à ca. 3575 kJ (855 kcal)

400 g Hühner- oder Putenleber, 2 Zwiebeln, 80 g Butter, 2 Stengel Salbei, schwarzer Pfeffer aus der Mühle, 6 Eßl. trockener Sherry (fino), 8 Eßl. süße Sahne, Salz, 300 g Makkaroni, Salzwasser, 2 Eßl. Öl, 500 g schnittfeste Tomaten, 100 g geriebener Emmentaler Käse.

Die Hühner- oder Putenleber wenn nötig häuten und von Röhren befreien, dann in Scheiben schneiden.
Die beiden Zwiebeln schälen und hacken. 50 g Butter in einer großen Pfanne erhitzen und die Zwiebeln darin goldgelb braten.
Die Leber und die zuvor abgespülten, trockengeschwenkten und von den Stielen gezupften Salbeiblättchen dazugeben. Unter ständigem Rühren 4 Minuten braten. Mit schwarzem Pfeffer kräftig übermahlen, mit dem trockenen Sherry und der süßen Sahne ablöschen und noch 2 Minuten köcheln lassen. Die Pfanne vom Herd nehmen und das Ragout mit Salz abschmecken.
Nebenher die Makkaroni brechen und in reichlich sprudelnd kochendem Salzwasser in 12 Minuten garen. 5 Minuten vor Ende der Garzeit das Öl zufügen.
Die Tomaten gut waschen, dann mit Küchenkrepp abtrocknen, von den grünen Stengelansätzen befreien und in Scheiben schneiden.
Die Makkaroni in einem Sieb abgießen und gut abtropfen lassen.
Eine feuerfeste Form mit etwas Butter einfetten. Mit Makkaroni beginnend abwechselnd das Leberragout, die Tomaten und die Nudeln einfüllen. Die letzte Schicht sollten Makkaroni sein.
Den geriebenen Emmentaler Käse darüberstreuen und die restliche Butter als Flöckchen darauf verteilen.
Den Auflauf im vorgeheizten Backofen (200°, Gas Stufe 3) 25 Minuten überbacken. In der Form servieren.
Dazu schmeckt am besten ein grüner Salat der Saison in einer Kräuter-Sahne-Marinade und ein leichter roter Landwein.

Tip *Eine festliche Note bekommt der Auflauf, wenn man die Lebern vor der Zubereitung einige Stunden in 1/8 l trockenem Sherry (fino) beizt und diese Beize dann zusammen mit der Sahne zum Ablöschen der Soße verwendet.*

Makkaroni-
Geflügelleber-Auflauf

Lasagne al forno
alla Bolognese

Rezept nächste Seite

Lasagne al forno alla Bolognese

(Nudelauflauf auf Bolognese Art)

4 Portionen à ca. 5545 kJ (1325 kcal)

1000 g vollreife Fleisch- oder Flaschentomaten,
2 kleine Möhren,
1/8 Sellerieknolle,
2 Zwiebeln,
2 Knoblauchzehen,
3 Eßl. bestes Olivenöl,
300 g Rinderhack,
Salz,
schwarzer Pfeffer aus der Mühle,
getrocknetes Basilikum,
Paprika edelsüß,
70 g Butter,
30 g Mehl,
1/2 l Milch,
geriebene Muskatnuß,
20 grüne Lasagneblätter,
Salzwasser,
150 g Mozzarellakäse,
150 g luftgetrockneter italienischer Schinken (San Daniele oder Parma),
8 Artischockenherzen aus dem Glas,
12 schwarze Oliven,
12 kleine Champignons aus der Dose.

(Foto Seite 113)

Tomaten mit kochendem Wasser überbrühen, häuten, halbieren, von den grünen Stengelansätzen befreien, entkernen und das Fruchtfleisch hacken. Möhren, Sellerie, Zwiebeln und Knoblauch schälen. Alles fein hacken.
Das Öl in einem großen Topf erhitzen. Rinderhack darin braten, bis es krümelig geworden ist. Dann die Tomaten und das vorbereitete Gemüse dazugeben und noch 5 Minuten unter Rühren braten. Zugedeckt bei milder Hitze 60 Minuten köcheln lassen. Zwischendurch mit Salz, Pfeffer, Basilikum und Paprika abschmecken.
Nebenher 50 g Butter in einem Topf erhitzen und das Mehl darin hell anschwitzen lassen. Mit Milch aufgießen und unter Rühren 5 Minuten kräftig durchkochen lassen. Die Bechamelsoße mit Salz und etwas Muskatnuß abschmecken.
Die Lasagneblätter in sprudelnd kochendem Salzwasser in 12 Minuten „al dente" (beißfest) kochen. Dann abgießen und auf einem Küchentuch ausbreiten.
Mozzarella und Schinken fein würfeln. Die Artischockenherzen abtropfen lassen und vierteln.
Eine feuerfeste Form mit der restlichen Butter dick ausstreichen. Zuerst eine Schicht Lasagneblätter hineingeben, dann abwechselnd Fleischsoße, Bechamelsoße, Käse, Schinken und weitere Lasagneblätter einfüllen. Die oberste Schicht bilden Fleischsoße und Bechamelsoße. Darauf die Artischockenherzen, Oliven und Champignons verteilen.
Die Form in den vorgeheizten Backofen (220°, Gas Stufe 4) stellen und die Lasagne 20 Minuten überbacken. In der Form servieren.
Dazu frischen grünen Salat in einer Essig-Öl-Marinade und einen kräftigen italienischen Rotwein reichen.

Tip *Die Kruste des Nudelauflaufs wird im Geschmack noch besser, wenn zusätzlich einige Butterflöckchen daraufgesetzt werden.*

Cannelloni al forno

(Cannelloni-Auflauf)

4 Portionen à ca. 3870 kJ (925 kcal)

**250 g Cannelloni,
Salzwasser,
1 Zwiebel,
1 Knoblauchzehe,
3 Eßl. Olivenöl,
80 g Butter,
500 g frischer Blattspinat,
150 g Geflügelleber (Huhn oder Puter),
100 g Rinderhack,
100 g milder roher Schinken ohne Fettrand,
150 g geriebener Parmesankäse,
1/8 l süße Sahne,
2 Eier,
1 Prise Oregano,
Thymian,
Salz,
weißer Pfeffer aus der Mühle,
1 kleine Dose geschälte Tomaten (400 g),
20 g Mehl,
1/8 l Milch,
geriebene Muskatnuß,
Butter oder Margarine zum Einfetten.**

Cannelloni in dem sprudelnd kochenden Salzwasser 5 Minuten kochen, abgießen, abtropfen lassen und in eine Schüssel mit lauwarmem Wasser legen.
Zwiebel und Knoblauchzehe schälen und fein hacken. In 1 Eßl. Olivenöl und 20 g Butter goldgelb braten. Den verlesenen, gewaschenen Spinat hacken und zu den Zwiebeln geben. 2 Minuten dünsten lassen, dann beiseite stellen.
Geflügelleber fein hacken und zusammen mit dem Rinderhack in 2 Eßl. Olivenöl und 20 g Butter so lange braten, bis sie Farbe genommen hat. Dann mit dem Spinat, dem zuvor feingehackten Schinken und 50 g Parmesan mischen. 2 Eßl. Sahne und die Eier unterrühren und alles mit Oregano, Thymian, Salz und Pfeffer würzen.
Die Tomaten mit ihrem Saft in den Mixer geben und pürieren. Mit 50 g Parmesan, 3 Eßl. Sahne und je 1 Prise Oregano und Thymian vermischen. Mit Salz und Pfeffer abschmecken.
Die restliche Butter erhitzen und das Mehl darin hell anschwitzen. Mit Milch ablöschen und unter Rühren 5 Minuten kräftig durchkochen lassen. Dann erst die restliche Sahne zufügen und die Soße mit Salz und Muskatnuß abschmecken.
Eine feuerfeste Form einfetten und eine dünne Schicht Tomatensoße einfüllen. Die Cannelloni abtropfen lassen, mit der Fleisch-Spinat-Mischung füllen und darauflegen. Darüber die Tomatensoße verteilen und die helle Soße darüberstreichen. Mit dem restlichen Parmesan bestreuen und in den vorgeheizten Backofen (220°, Gas Stufe 4) schieben. 20 Minuten überbacken, dann in der Form servieren.
Dazu frischen grünen Salat der Saison in leichter Kräuter-Essig-Öl-Marinade reichen. Als Getränk paßt ein trockener, aber leichter italienischer Weißwein besonders gut.

Tip *Wem das Füllen der Cannelloni zu mühsam ist, verwendet statt dessen Lasagneblätter. Sie werden mit der Farce bestrichen und wie Cannelloni aufgerollt.*

Nudeln mit Ei auf polnische Art

4 Portionen à ca. 3890 kJ (930 kcal)

8 Eier,
400 g helle Bandnudeln,
Salzwasser,
100 g Butter,
⅛ l süße Sahne,
Salz,
weißer Pfeffer,
2 Eßl. gehackte Petersilie,
50 g Semmelbrösel,
50 g geriebener Parmesankäse.

Eier in 10 Minuten hartkochen, abgießen, abschrecken und schälen. Nebenher die Nudeln in reichlich sprudelnd kochendem Salzwasser in 12 Minuten „al dente" (beißfest) kochen.
Eier in Scheiben schneiden.
Die Nudeln abgießen und abtropfen lassen. 60 g Butter in dem Nudeltopf zerlassen und mit der Sahne verrühren. Die Nudeln hineingeben und gut durchschwenken.
Dann lagenweise mit den Eischeiben in eine feuerfeste Form füllen. Jede Lage mit Salz und Pfeffer würzen und mit etwas Petersilie bestreuen. Den Abschluß sollten Nudeln bilden.
Restliche Butter schmelzen. Semmelbrösel und Parmesan mischen, dann über die Nudeln verteilen und die Butter darüberträufeln.
Die Form in den vorgeheizten Backofen (220°, Gas Stufe 4) schieben und die Nudeln so lange überbacken, bis sie eine schöne, goldbraune Kruste haben. In der Form servieren.
Die Nudeln schmecken als Beilage zu allen kurzgebratenen Fleischsorten, aber auch solo mit einem frischen Salat.

Urner Nudel-Käse-Auflauf

4 Portionen à ca. 4040 kJ (965 kcal)

4 kleine Zwiebeln oder Schalotten,
30 g Butter,
⅛ l süße Sahne,
⅛ l Milch,
je 150 g geriebener Emmentaler und Greyerzer Käse,
500 g Hörnchennudeln,
Salzwasser,
Butter zum Einfetten.

Geschälte Zwiebeln oder Schalotten fein hacken und in der Butter glasig braten. Mit Sahne und Milch aufgießen und 100 g des gemischten Käses unterrühren, bis er geschmolzen ist.
Nebenher die Nudeln in dem sprudelnd kochenden Salzwasser 12 Minuten „al dente" (beißfest) kochen, abgießen und gut abtropfen lassen.
Eine feuerfeste Form mit Butter gut einfetten. Die Nudeln mit weiteren 100 g Emmentaler und Greyerzer mischen und hineingeben. Mit der Käsesoße übergießen, mit Zwiebeln belegen und zum Schluß mit dem restlichen Käse bestreuen.
Dann in den vorgeheizten Backofen (200°, Gas Stufe 3) schieben und etwa 10 Minuten überbacken, bis der Käse ganz zerlaufen ist. In der Form servieren.
Dazu einen leichten Rotwein und eine Schüssel Tomatensalat mit reichlich Schnittlauch oder feingehackten Zwiebeln reichen.

Nudeln mit Ei
auf polnische Art

Spinat-Lasagne-Auflauf

4 Portionen à ca.
4520 kJ (1080 kcal)

1000 g Blattspinat,
65 g Butter,
Salz,
schwarzer Pfeffer aus der Mühle,
geriebene Muskatnuß,
250 g grüne oder helle Lasagneblätter,
Salzwasser,
1 kräftiger Schuß Öl,
250 g Zwiebeln,
1 Knoblauchzehe,
200 g gekochter Schinken,
200 g roher Schinken,
1 große Dose Tomaten (800 g),
Margarine oder Öl zum Einfetten,
gerebelter Oregano,
150 g geriebener Emmentaler Käse,
4 Eier,
1 Becher saure Sahne (200 g).

Spinat verlesen, die harten Stiele abschneiden und die Blätter gründlich waschen.
25 g Butter in einem großen Topf schmelzen lassen. Den Spinat tropfnaß hineingeben und so lange dünsten, bis kein Wasser mehr vorhanden ist. Mit Salz, Pfeffer und geriebener Muskatnuß abschmecken.
Die Lasagneblätter in reichlich sprudelnd kochendem Salzwasser, dem ein kräftiger Schuß Öl zugefügt wurde, in etwa 10 Minuten „al dente" (beißfest) kochen. Abtropfen lassen und nebeneinander auf ein Küchentuch legen.
Die Zwiebeln und die Knoblauchzehe schälen und in der restlichen Butter goldgelb braten. Beide Schinkensorten fein würfeln und dazugeben. Unter Rühren etwa 3 Minuten mitbraten lassen.
Die Tomaten abgießen und grob hacken.
Eine feuerfeste Form einfetten und zuerst mit einer Lage Lasagneblätter auslegen. Dann abwechselnd Spinat, Schinkenmischung, Nudeln und Tomaten einfüllen. Jede Tomatenschicht mit Salz, Pfeffer und Oregano würzen. Den Abschluß sollten Lasagneblätter bilden.
Den Käse mit verquirlten Eiern und saurer Sahne vermischen. Über die Lasagne geben und diese im vorgeheizten Backofen (200°, Gas Stufe 3) 35 Minuten überbacken. In der Form servieren.
Dazu schmeckt ein kräftiger weißer Landwein.

Hackfleisch-Nudel-Auflauf

4 Portionen à ca.
2930 kJ (700 kcal)

2 Zwiebeln,
1 Knoblauchzehe,
2 Eßl. Olivenöl,
20 g Butter,
400 g Hackfleisch,
400 g vollreife Tomaten,
½ Bund Petersilie,
1 Eßl. Paprika edelsüß,
1 Eßl. Tomatenmark,
Salz,
weißer Pfeffer,

Zwiebeln und Knoblauchzehe schälen.
Das Öl in einem flachen Topf erhitzen und die Zwiebeln darin goldgelb werden lassen. Die Butter und den Knoblauch zufügen, dann das Hackfleisch. So lange braten, bis das Fleisch ganz krümelig geworden ist.
Die Tomaten häuten, vierteln, von den grünen Stengelansätzen befreien, entkernen und das Fruchtfleisch würfeln.
Petersilie abspülen, trokkentupfen und hacken. Beides zu dem Hackfleisch geben. Paprika überstäuben und Tomatenmark unterrühren.
Die Mischung mit Salz und Pfeffer abschmecken.
Nebenher die Bandnudeln in reichlich sprudeln-

250 g Bandnudeln,
Salzwasser, Öl,
150 g Schmelzkäse-scheiben,
25 g Butter.

dem Salzwasser, dem ein guter Schuß Öl zugefügt wurde, „al dente" (beißfest) kochen, abgießen und abtropfen lassen.
Eine feuerfeste Form mit Öl einfetten, Nudeln und Fleisch lagenweise einschichten, dabei jede Schicht Nudeln, außer der letzten, mit Käsescheiben belegen. Auf die oberen Nudeln die Butter in Flöckchen verteilen. Die Form in den vorgeheizten Backofen (180°, Gas Stufe 2) schieben und den Auflauf in 30 Minuten garen. In der Form heiß servieren.
Dazu Salate der Saison reichen.

Cannelloni mit Putenfleisch

4 Portionen à ca. 4665 kJ (1115 kcal)

500 g Putenbrust-fleisch,
100 g Putenleber,
100 g roher Schinken,
3 Eßl. bestes Olivenöl,
1/16 l Weißwein,
4 Eßl. Crème fraîche
Salz,
3–4 getrocknete Salbeiblätter,
2 Eier,
50 g gehackte Pistazienkerne,
250 g Cannelloni (siehe Warenkunde S. 141),
Salzwasser,
1 Schuß Olivenöl,
40 g Butter,
30 g Mehl,
3/8 l sehr kräftige Fleischbrühe,
125 g geriebener Emmentaler Käse,
geriebene Muskatnuß,
Öl zum Einfetten,
25 g geriebener Parmesankäse.

Putenfleisch durch den Fleischwolf (grobe Scheibe) drehen. Die Leber und den Schinken sehr fein hacken.
Das Olivenöl in einer tiefen Pfanne erhitzen. Fleisch, Leber und Schinken darin unter häufigem Rühren etwa 5 Minuten braten. Mit Weißwein und Crème fraîche vermischen, einmal aufkochen lassen und mit Salz und zerriebenem Salbei würzen. Dann die zuvor verquirlten Eier und die Pistazienkerne dazugeben. Die Füllung beiseite stellen.
Die Cannelloni nach Packungsaufschrift in reichlich sprudelnd kochendem Salzwasser, dem ein Schuß Öl zugefügt wurde, „al dente" (beißfest) kochen. Abgießen und abtropfen lassen.
Während die Cannelloni garen, die Käsesoße zubereiten. Die Butter in einem Topf erhitzen und das Mehl darin goldgelb anschwitzen lassen. Mit Fleischbrühe ablöschen und 10 Minuten kräftig durchkochen. Dann mit dem Käse mischen und diesen schmelzen lassen. Mit geriebener Muskatnuß abschmecken.
Die Cannelloni mit der Putenfleischmischung füllen und nebeneinander in eine gut eingefettete feuerfeste Form füllen. Mit der Soße übergießen und mit Käse bestreuen. In den vorgeheizten Backofen (220°, Gas Stufe 4) schieben und 25 Minuten überbacken. In der Form servieren.
Dazu frischen Salat der Saison in Kräutermarinade reichen.

Gemüse-Nudel-Auflauf

4 Portionen à ca.
4560 kJ (1090 kcal)

**250 g Bandnudeln,
Salzwasser,
1 Schuß Olivenöl,
3 Zwiebeln,
2 grüne Paprikaschoten,
3 Eßl. bestes Olivenöl,
750 g reife Tomaten,
12 Artischockenherzen aus dem Glas,
2 Dosen Thunfisch,
etwa 20 schwarze Oliven,
4 Eier,
⅛ l Milch,
⅛ l süße Sahne,
Salz,
weißer Pfeffer,
gemahlener Rosmarin,
200 g geriebener Greyerzer Käse.**

Nudeln in reichlich sprudelnd kochendem Salzwasser mit einem Schuß Olivenöl in etwa 12 Minuten beißfest kochen, dann abgießen und abtropfen lassen.
Die Zwiebeln schälen und achteln. Die Paprikaschoten putzen, waschen und in Streifen schneiden. Beides in heißem Olivenöl unter Rühren 5 Minuten dünsten.
Die Tomaten waschen, von den Stengelansätzen befreien und in Scheiben schneiden. Artischockenherzen und Thunfisch abtropfen lassen (Thunfischöl auffangen). Artischockenherzen vierteln, Thunfisch in große Würfel zerpflücken.
Eine feuerfeste Form mit Thunfischöl einfetten und die vorbereiteten Zutaten lagenweise hineinschichten. Die Oliven darüber verteilen.
Die Eier mit Milch, Sahne, Salz, dem Pfeffer und Rosmarin verquirlen und darübergießen. Mit Käse bestreuen.
Die Form in den vorgeheizten Backofen (220°, Gas Stufe 4) schieben und den Auflauf 25 Min. überbacken. Wird der Käse zu dunkel, die Form mit Alufolie abdecken.
Den Auflauf in der Form servieren.
Dazu schmeckt ein kräftiger, trockener Weißwein oder kühles Bier.

Lasagne con Funghi

(Lasagne mit Pilzen)

4 Portionen à ca.
4600 kJ (1100 kcal)

**500 g grüne Lasagneblätter,
Salzwasser,
1 Schuß Öl,
500 g frische Champignons,
2 Eßl. Olivenöl,
20 g Butter,
2 Zwiebeln,
2 Knoblauchzehen,
1 Bund glatte Petersilie,
Salz,
schwarzer Pfeffer aus der Mühle,**

Die Lasagneblätter in reichlich sprudelndem Salzwasser, dem ein Schuß Öl beigegeben wurde, 10 Minuten kochen, abgießen, abtropfen lassen und nebeneinander auf einem Küchentuch ausbreiten.
Die Champignons putzen, wenn nötig waschen, abtropfen lassen und fein hacken. In einem sauberen Küchentuch kräftig ausdrücken.
Olivenöl und Butter in einem Topf erhitzen. Die geschälten, gehackten Zwiebeln und die geschälten, durch die Presse gedrückten Knoblauchzehen darin glasig braten.
Die Champignons und die zuvor abgespülte, trockengeschwenkte und gehackte Petersilie zufügen. Noch etwa 5 Minuten unter Rühren dünsten. Dann mit Salz und Pfeffer abschmecken.
Den Ziegenkäse in kleine Würfel schneiden.
Eine feuerfeste Form mit Butter oder Margarine

Gemüse-Nudel-Auflauf

200 g weißer Ziegenkäse, Butter oder Margarine zum Einfetten, 2 Eßl. Semmelbrösel, 1 Becher süße Sahne (200 g), 3 Eier, 100 g frisch geriebener Parmesankäse, geriebene Muskatnuß.

einfetten und mit Semmelbrösel ausstreuen. Mit den Lasagneblättern beginnend abwechselnd Lasagne, Pilzmischung und Ziegenkäse einfüllen. Die letzte Schicht bilden Lasagneblätter.
Sahne mit Eiern und Parmesan verrühren, mit Muskatnuß abschmecken. Über die Nudeln gießen.
Den Auflauf in den vorgeheizten Backofen (220°, Gas Stufe 4) schieben und 25 Minuten überbacken. In der heißen Form servieren.
Dazu gemischten Salat aus Tomaten, Gurken, Paprika und grünem Salat in Kräutermarinade servieren sowie einen leichten roten Landwein.

Lasagne mit Wirsing

4 Portionen à ca. 5145 kJ (1230 kcal)

250 g Lasagneblätter, Salzwasser, 1 Schuß Öl, 500 g Wirsingkohl (geputzt gewogen), 7 Eßl. bestes Olivenöl, Salz, schwarzer Pfeffer aus der Mühle, 1 Teel. getrockneter Thymian, geriebene Muskatnuß, 1 Zwiebel, 2 Knoblauchzehen, 375 g Rinderhackfleisch, 250 g vollreife Tomaten, 125 g roher Schinken ohne Fettrand, 3/8 l kräftige Hühnerbrühe, 30 g Butter, 20 g Mehl, 1 Becher saure Sahne (200 g), 150 g geriebener Emmentaler Käse, 50 g geriebener Parmesankäse, 25 g Mandelstifte.

Die Lasagneblätter in reichlich sprudelnd kochendem Salzwasser, dem ein Schuß Öl zugefügt wurde, nach Pakkungsaufschrift garen. Mit dem Schaumlöffel herausnehmen, auf einem feuchten Küchentuch ausbreiten.
Wirsingkohl putzen, in sehr feine Streifen schneiden. 3 Eßl. Olivenöl erhitzen, Kohl dazugeben, mit Salz, Pfeffer, etwas Thymian und Muskatnuß würzen. Zugedeckt 15 Min. dünsten lassen.
Zwiebel und Knoblauch schälen, fein hacken und in 3 Eßl. Öl hellgelb anbraten. Fleisch dazugeben, unter Rühren Farbe nehmen lassen.
Tomaten häuten, von den grünen Stengelansätzen befreien, würfeln. Zum Fleisch geben. 5 Minuten schmoren lassen, dann feingewürfelten Schinken und knapp 1/8 l Hühnerbrühe unterrühren. Mit Salz, Pfeffer und Thymian würzen und noch 5 Min. schmoren lassen.
Butter in einem Stieltopf zerlassen, Mehl darin hellgelb anschwitzen, mit dem Rest Hühnerbrühe ablöschen. 10 Min. kräftig kochen lassen, dann mit Sahne und Emmentaler Käse mischen. So lange weiterrühren, bis der Käse geschmolzen ist.
Eine feuerfeste Form mit dem restlichen Olivenöl einfetten. Mit Lasagneblättern beginnend alle Zutaten einschichten. Die letzte Schicht sollten Lasagneblätter sein, die nur noch dünn mit etwas Käsesoße bestrichen werden. Mit Parmesan und Mandelstiften bestreuen und in den vorgeheizten Backofen (240°, Gas Stufe 5) schieben. 25 bis 30 Minuten backen lassen, dann in der Form servieren.
Dazu einen kühlen, kräftigen Weißwein reichen.

Lasagne alla Parmigiana

(Nudelauflauf nach Parmaer Art)

4 Portionen à ca. 3830 kJ (915 kcal)

**400 g grüne Lasagneblätter,
Salzwasser,
300 g Sahnequark,
150 g TK-Spinat,
50 g Butter,
100 g frisch geriebener Parmesankäse,
3 Eigelb,
30 g Mehl,
1/8 l Milch,
1/8 l süße Sahne,
Salz,
weißer Pfeffer,
geriebene Muskatnuß,
Butter oder Margarine zum Einfetten.**

Lasagneblätter in reichlich sprudelnd kochendem Salzwasser in 10 Minuten „al dente" (beißfest) kochen. Abgießen, abtropfen lassen und nebeneinander auf ein Küchentuch legen.
Den Sahnequark etwas ausdrücken, dann durch ein Sieb pressen. Spinat in 20 g Butter bei milder Hitze auftauen lassen. Mit Quark, Käse und Eigelb vermischen, jedoch nicht würzen.
Die restliche Butter in einem Topf erhitzen, das Mehl darin goldgelb anschwitzen und mit Milch und Sahne aufgießen. Die Soße 5 Minuten bei ständigem Rühren kräftig durchkochen lassen. Mit Salz, Pfeffer und Muskatnuß abschmecken.
Eine feuerfeste Form einfetten und eine Lage Lasagneblätter hineinlegen. Nun abwechselnd Füllung und Lasagne einschichten. Die letzte Schicht sollten Lasagneblätter sein. Die Soße darüber verteilen und den Auflauf im vorgeheizten Backofen (200°, Gas Stufe 3) 20 Minuten überbacken. In der Form servieren.
Dazu paßt ein kühler Rosé.

Hörnchenauflauf

4 Portionen à ca. 5040 kJ (1205 kcal)

**400 g Hörnchennudeln,
Salzwasser,
1 kräftiger Schuß Öl,
300 g Edamer oder Emmentaler Käse,
300 g Schinkenwurst oder gekochter Vorderschinken,
1 Dose geschälte Tomaten (800 g),
Öl zum Einfetten, Salz,
schwarzer Pfeffer aus der Mühle,
1 Teel. provençalische Kräutermischung,
150 g geriebener Emmentaler Käse,
3 Eier, 6 Eßl. Sahne,
Paprika edelsüß.**

Nudeln in reichlich Salzwasser, dem ein kräftiger Schuß Öl beigegeben wurde, „al dente" (beißfest) kochen.
In der Zwischenzeit den Käse und die Wurst oder den Schinken würfeln.
Die Tomaten abgießen (den Saft anderweitig verwenden) und grob hacken.
Eine feuerfeste Form mit Öl einfetten. Mit Nudeln beginnend abwechselnd die vorbereiteten Zutaten lagenweise einschichten. Dabei die Tomaten mit Salz, Pfeffer und provençalischen Kräutern würzen. Den Abschluß bildet eine Schicht Nudeln.
Den geriebenen Käse mit Eiern, Sahne und etwas Paprika verrühren, gleichmäßig über die Nudeln streichen.
Die Form in den vorgeheizten Backofen (200°, Gas Stufe 3) schieben und den Auflauf 25 bis 30 Minuten überbacken.
In der Form servieren.
Dazu grünen Salat in einer Kräuter-Sahne-Marinade reichen.

Nudel-Tomaten-Auflauf

4 Portionen à ca. 4370 kJ (1045 kcal)

250 g Nudeln (Hörnchen oder Zöpfli), Salzwasser, 150 g roher Schinken, 150 g Salami oder Cervelatwurst, 2 Zwiebeln, 500 g Tomaten, Butter zum Einfetten, 4 Eier, ⅛ l Milch, ⅛ l kräftige Fleischbrühe aus Würfeln, ⅛ l süße Sahne, Paprika rosenscharf, 2 Eßl. gehackte Petersilie, 150 g geriebener Emmentaler Käse, 30 g Butter.

Nudeln in reichlich sprudelnd kochendem Wasser beißfest kochen. Dann abgießen, abschrekken und gründlich abtropfen lassen.
Nebenher den Schinken, die Salami oder Cervelatwurst würfeln. Die geschälten Zwiebeln fein hacken und die gewaschenen, von den grünen Stengelansätzen befreiten Tomaten in Scheiben schneiden.
Eine feuerfeste Form mit Butter einfetten, alles lagenweise einschichten. Die letzte Lage sollten Nudeln und einige Tomatenscheiben sein.
Die Eier mit Milch, Fleischbrühe, Sahne und Paprika verquirlen. Über den Auflauf gießen. Mit Petersilie und Käse bestreuen und mit Butterflöckchen belegen.
Die Form in den vorgeheizten Backofen (220°, Gas Stufe 4) schieben und den Auflauf 30 Minuten überbacken. Wird der Käse zu dunkel, die Form mit Alufolie abdecken.
Den Auflauf in der Form servieren.
Dazu kühlen Rosé oder leichten Rotwein reichen.

Tortellini-Auflauf „Grün-Weiß"

4 Portionen à ca. 2845 kJ (680 kcal)

250 g fertig gekaufte grüne Tortellini mit Fleischfüllung, 1½ l Fleischbrühe aus Würfeln, 2 Zwiebeln, 2 grüne und 2 rote Paprikaschoten, 200 g Emmentaler Käse, 2 Eßl. Öl zum Einfetten, 3 Eier, ⅛ l süße Sahne, ⅛ l Milch, Salz, schwarzer Pfeffer aus der Mühle, geriebene Muskatnuß, 2 Eßl. geriebener Parmesankäse.

Tortellini in der kochenden Fleischbrühe in 12 Minuten „al dente" (beißfest) kochen.
In der Zwischenzeit die Zwiebeln schälen und hacken. Die Paprikaschoten putzen, waschen und in Streifen schneiden.
Den Käse grob raffeln.
Die Tortellini abgießen.
Eine feuerfeste Form mit dem Öl gut einfetten. Tortellini, Zwiebeln, Paprika und Käse schichtweise einfüllen. Die Eier mit Sahne und Milch verquirlen und mit Salz, Pfeffer und Muskatnuß abschmecken. Über den Auflauf gießen. Mit dem Parmesan bestreuen.
Die Form in den vorgeheizten Backofen (200°, Gas Stufe 3) schieben und den Auflauf 30 bis 35 Minuten überbacken.
In der Form servieren.
Dazu Salat der Saison in einer Kräutermarinade reichen.

Nudel-Tomaten-Auflauf

Tortellini-Auflauf „Grün-Weiß“

Nudelauflauf mit Huhn

4 Portionen à ca.
3725 kJ (890 kcal)

**400 g Hühnerbrustfilet,
3 Zwiebeln,
40 g Butterschmalz,
250 g frische Champignons, Salz, schwarzer Pfeffer,
2 Eßl. gehackte Petersilie,
400 g Hörnchennudeln, Salzwasser,
1 kräftiger Schuß Öl,
4 Eier,
1 Becher saure Sahne (200 g),
100 g geriebener Emmentaler Käse,
25 g geriebener Parmesankäse,
1 Teel. Paprika edelsüß,
Butter zum Einfetten.**

Fleisch in feine Streifen schneiden, die geschälten Zwiebeln hacken. Beides in heißem Butterschmalz 2 Minuten lang kräftig anbraten.
Dann die geputzten, in Scheiben geschnittenen Champignons dazugeben und alles braten, bis keine Flüssigkeit mehr vorhanden ist. Mit Salz und Pfeffer würzen und mit der Petersilie mischen.
Nebenbei die Hörnchen in reichlich sprudelnd kochendem Salzwasser 10 Minuten garen. 5 Minuten vor Ende der Garzeit das Öl dazugeben. Nudeln abtropfen lassen.
Eier mit saurer Sahne, Emmentaler und Parmesankäse verquirlen und mit Paprika abschmecken.
Nudeln und Fleisch-Champignon-Mischung abwechselnd in eine feuerfeste, eingefettete Form füllen, den Abschluß sollte eine Lage Nudeln bilden. Mit der Ei-Käse-Masse bestreichen und im vorgeheizten Backofen (200°, Gas Stufe 3) 25 Minuten überbacken. In der Form sofort servieren.
Dazu gemischten Salat der Saison reichen.

Südtiroler Topfen-Nudel-Auflauf

4 Portionen à ca.
2885 kJ (690 kcal)

**50 g kernlose Rosinen,
3 Eßl. Rum,
250 g Hörnchennudeln, Salzwasser,
1 unbehandelte Zitrone,
250 g Speisequark (Topfen),
100 g Zucker,
4 Eigelb,
½ Vanilleschote,
4 säuerliche Äpfel,
4 Eiweiß,
30 g Butter,
2 Eßl. Semmelbrösel.**

Rosinen in dem Rum einweichen. Die Nudeln in reichlich sprudelnd kochendem Salzwasser „al dente" (beißfest) kochen.
Die Zitrone abreiben, dann auspressen. Den Quark mit Zitronenschale, Zucker, Eigelb und dem ausgeschabten Mark der Vanilleschote gründlich verrühren.
Die Äpfel schälen, entkernen, zuerst in Viertel, dann in dünne Scheiben schneiden. Mit dem Zitronensaft mischen.
Eiweiß steifschlagen und locker unter den Quark ziehen. Nudeln abgießen, abtropfen lassen.
Eine feuerfeste Form einfetten. Abwechselnd Nudeln, Quark und Apfelstücke einfüllen. Den Abschluß sollte Quark bilden. Mit Semmelbrösel bestreuen und die restliche Butter in Flöckchen darauf verteilen. Im vorgeheizten Backofen (220°, Gas Stufe 4) 30 Minuten überbacken.
Der Auflauf kann sowohl als Hauptgang, wie als Dessert serviert werden. Als Dessert ist er für 6 Personen ausreichend.

Süßer Nudelauflauf

4 Portionen à ca.
3870 kJ (925 kcal)

**300 g Hörnchen- oder helle Bandnudeln,
Salzwasser,
50 g kernlose Rosinen,
4 Eßl. Rum,
4 Eier,
1 Prise Salz,
1 Eßl. Zitronensaft,
60 g Puderzucker,
150 g geriebene Mandeln oder Haselnüsse,
Butter zum Einfetten,
2 Eßl. Zucker,
1 Eßl. Vanillezucker,
⅛ l süße Sahne,
4 Eßl. Semmelbrösel,
20 g Butter.**

Nudeln in reichlich sprudelnd kochendem Salzwasser in 12 Minuten „al dente" (beißfest) kochen. Nebenher die Rosinen in dem Rum einweichen.
Die Eier trennen. Das Eiweiß mit Salz und Zitronensaft zu steifem Schnee schlagen, dabei nach und nach den Puderzucker einrieseln lassen. 2 Eigelb mit 125 g Mandeln oder Haselnüssen mischen und unter den Eischnee ziehen. Eine feuerfeste Form mit Butter einfetten. Die Nudeln und die Rosinen unter den Eischnee heben und alles in die Form füllen.
Die restlichen Eigelb mit Zucker und Vanillezucker schaumig rühren, dann nach und nach die Sahne einlaufen lassen. Die Mischung über die Nudeln gießen.
Semmelbrösel und die restlichen Mandeln oder Nüsse mischen und über dem Auflauf verteilen. Die Butter in Flöckchen daraufsetzen. Den Auflauf im vorgeheizten Backofen (220°, Gas Stufe 4) 20 Minuten überbacken. In der Form auftragen.
Der Auflauf kann nach einer leichten Suppe als Hauptgericht serviert werden. Er reicht auch für 8 Personen als Dessert.

Obst-Nudel-Auflauf

4 Portionen à ca.
2805 kJ (670 kcal)

**250 g gemischtes Backobst,
⅛ l Rotwein,
1 Zimtstange,
4 Gewürznelken,
250 g Bandnudeln,
Salzwasser,
Butter zum Einfetten,
Semmelbrösel zum Ausstreuen,
2 Eier,
⅛ l süße Sahne,
1 Päckchen Vanillezucker,
50 g geriebene Mandeln.**

Backobst über Nacht in dem Rotwein einweichen. Am nächsten Tag die Zimtstange brechen und zusammen mit den Nelken in eine Filtertüte geben, diese gut zufalzen. Backobst mit den Gewürzen in dem Rotwein weich dünsten, abtropfen lassen und die Filtertüte entfernen.
Nebenher die Bandnudeln in reichlich sprudelnd kochendem Salzwasser in 12 Minuten „al dente" (beißfest) kochen. Abgießen und abtropfen lassen.
Eine feuerfeste Form mit Butter einfetten und mit Semmelbrösel ausstreuen.
Die Eier trennen. Die Eigelb mit der Sahne, den Nudeln und dem Backobst mischen.
Eiweiß zu steifem Schnee schlagen, dabei nach und nach den Vanillezucker einrieseln lassen. Den Eischnee mit den Mandeln mischen und über die Nudeln streichen. Im vorgeheizten Backofen (200°, Gas Stufe 3) 30 Minuten überbacken. In der Form servieren.

Nudelsalate zum Schlemmen

So verwöhnt man die Familie und liebe Gäste mit den leckersten Kombinationen in delikaten Soßen

Nudelsalat mit Palmherzen

Rezept nächste Seite

Nudelsalat mit Palmherzen

4 Portionen à ca.
1755 kJ (420 kcal)

250 g grüne Nudeln,
Salzwasser,
1 Schuß Öl,
1 kleine Dose Palmitos (ca. 425 g Einwaage),
100 g frische Scampi oder Nordseekrabben,
6 schnittfeste Tomaten,
2–3 Frühlingszwiebeln,
1 Eßl. kleine Kapern,
40 g Roquefort,
6 Eßl. süße Sahne,
3 Eßl. Crème fraîche,
Zitronensaft,
Salz,
schwarzer Pfeffer aus der Mühle,
1 Prise Zucker.

(Foto Seite 128/129)

Nudeln in reichlich sprudelndem Salzwasser in 12 Minuten beißfest kochen. 5 Minuten vor Ende der Garzeit das Öl zugießen. Die Nudeln auf einen Durchschlag geben, abgießen, heiß abspülen und gründlich abtropfen lassen.
Während die Nudeln abkühlen, die übrigen Zutaten vorbereiten: Die abgetropften Palmitos in etwa 2 cm dicke Scheiben schneiden. Scampi kurz abspülen, dann gut abtropfen lassen.
Die Tomaten abziehen, vierteln und entkernen. Dabei die grünen Stengelansätze entfernen. Das Fruchtfleisch längs in dünne Streifen schneiden. Frühlingszwiebeln putzen. Die weißen Teile hacken, die grünen in Ringe schneiden. Kapern abtropfen lassen. Alles mit den Nudeln gut vermischen.
Roquefort mit einer Gabel zerdrücken und mit Sahne und Crème fraîche glattrühren. Mit Zitronensaft, Salz, Pfeffer und Zucker abschmecken. Mit dem Salat mischen.
30 Minuten durchziehen lassen, dann wenn nötig den Salat nachwürzen.
Dazu frisches Stangenweißbrot und einen fruchtigen Weißwein reichen.

Nudelsalat mit Würstchen

4 Portionen à ca.
2595 kJ (620 kcal)

250 g Weißkohl,
½ Teel. Salz,
½ Teel. Zucker,
½ Teel Kümmel,
4 Eßl. Mayonnaise,
4 Eßl. Crème fraîche,
4 Eßl. süße Sahne,
Zitronensaft,
250 g Makkaroni,
Salzwasser,
2 Paar Frankfurter Würstchen,
je 1 rote und grüne Paprikaschote,
2 Gewürzgurken,
½ Kopfsalat,
½ Bund Petersilie.

Weißkohl ganz fein schneiden oder hobeln, mit Salz, Zucker und Kümmel mischen und mit einem Stampfer so lange stampfen, bis der Kohl weich zu werden beginnt.
Mayonnaise, Crème fraîche und Sahne verrühren. Mit Zitronensaft abschmecken und unter den Kohl ziehen.
Die Makkaroni in etwa 4 cm lange Stücke brechen und in reichlich sprudelnd kochendem Salzwasser „al dente" (beißfest) kochen.
Die Würstchen erhitzen. Makkaroni abgießen, abtropfen lassen und heiß mit dem Kohl mischen. Würstchen in Scheiben schneiden und warm zu dem Salat geben. Alles 30 Minuten durchziehen lassen.
In der Zwischenzeit die Paprikaschoten putzen und fein würfeln. Die Gewürzgurken hacken. Kopfsalat zerpflücken, abspülen und trockenschwenken. Eine Salatschüssel mit den Blättern auslegen.

Nudelsalat mit Paprikaschoten und Gurken mischen, eventuell mit Salz nachwürzen, in die Schüssel füllen und mit nicht zu fein gehackter Petersilie bestreuen.

Tip *Auch wer gerne Paprikaschoten ißt, kann die harte Außenhaut nicht immer vertragen. Sie läßt sich ganz leicht entfernen: Die Schoten in dem auf 250° (Gas Stufe 6) vorgeheizten Backofen so lange braten, bis die Haut ganz schrumplig ist. Die Schoten in ein feuchtes Küchentuch einschlagen und einige Minuten ruhen lassen. Dann die Haut abziehen und die Schoten verarbeiten wie beschrieben.*

Linsen-Nudel-Salat

4 Portionen à ca. 2425 kJ (580 kcal)

200 g gekochte Linsen, 2 Knoblauchzehen, 4 Eßl. Rotweinessig, 6 Eßl. feinstes Olivenöl, Salz, schwarzer Pfeffer aus der Mühle, 1 kräftige Prise Zucker, 150 g Hörnchen- oder kleine Schleifchennudeln, Salzwasser, 3 junge Möhren, 1 Bund Frühlingszwiebeln, 1 Kopfsalat, 3 Eßl. Crème fraîche, 12 schwarze Oliven, 6 eingelegte Anchovisfilets, 1 Eßl. gehackte Petersilie.

Linsen möglichst frisch kochen, damit sie noch etwas warm sind.
Die geschälten Knoblauchzehen durch die Presse drücken und mit dem Rotweinessig verrühren. Nach und nach das Öl unterrühren und diese Marinade mit Salz, Pfeffer und Zucker abschmecken. Unter die Linsen mischen und etwa 30 Minuten ziehen lassen.
In der Zwischenzeit die Nudeln in reichlich sprudelnd kochendem Salzwasser in 12 Minuten beißfest kochen. Abgießen, kalt abschrecken und gründlich abtropfen lassen. Mit den Linsen vermischen.
Die Möhren schälen und die Frühlingszwiebeln putzen. Beides in dünne Streifen schneiden. Den Kopfsalat zerpflücken, waschen und gründlich abtropfen lassen. Mit den größeren Blättern eine Salatschüssel auskleiden. Die kleineren Blätter in Streifen schneiden und zusammen mit Zwiebeln und Möhren unter die Linsen heben. Den Salat eventuell mit Salz, Pfeffer und Rotweinessig nachwürzen. In die Schüssel füllen, die Crème fraîche in die Mitte geben.
Oliven und abgetropfte, eventuell zuvor gewässerte Anchovisfilets als Garnierung auf dem Salat anrichten. Mit gehackter Petersilie bestreuen und servieren.
Den Salat solo als Abendessen oder als Beilage zu gegrillten Koteletts servieren.

Thunfisch-Nudel-Salat

4 Portionen à ca.
2825 kJ (675 kcal)

**250 g kurze Spaghetti,
Salzwasser,
2 Dosen Thunfisch
in Öl,
200 g gepökelte
Rinderzunge (gekocht),
2 Eßl. Kapern
„non paraille“,
je ½ Bund glatte Petersilie, Kerbel, Dill
und Schnittlauch,
1 Eigelb,
2 Eßl. Weinessig,
4 Eßl. Sojaöl,
1 Teel. Sardellenpaste.**

Spaghetti brechen und in reichlich sprudelnd kochendem Salzwasser in 10 Minuten „al dente“ (beißfest) kochen. Abgießen, mit kaltem Wasser gründlich abschrecken, abtropfen und abkühlen lassen.
Die Thunfischdosen öffnen, das Öl ablaufen lassen und von einer Dose auffangen. Thunfisch in mundgerechte Bissen zerteilen, jedoch nicht zerpflücken.
Zunge in feine Streifen schneiden. Die Kapern abtropfen lassen, dabei die Salzlake auffangen. Kräuter abspülen, trokkenschwenken und fein hacken.
Das Eigelb mit dem Essig verrühren. Dann nach und nach das Sojaöl und beliebig viel Thunfischöl unterrühren. Die Sardellenpaste mit einem Teil der Kapernflüssigkeit verrühren und unter die Marinade mischen.
Spaghetti, Thunfisch, Zunge, Kapern und Kräuter mischen. In eine Schüssel geben und mit der Marinade übergießen. 20 Minuten ziehen lassen. Dann eventuell mit etwas Kapernmarinade nachwürzen.
Mit Stangenweißbrot als Abendessen oder als Teil eines kalten Büfetts servieren.

Nudelsalat mit Brokkoli

4 Portionen à ca.
3180 kJ (760 kcal)

**300 g bunte
Schleifennudeln,
Salzwasser,
500 g frischer oder tiefgekühlter Brokkoli,
200 g gekochter Schinken ohne Fettrand,
1 Becher Crème
fraîche (200 g),
2 Eigelb,
1 Teel. Zitronensaft,
Salz,
schwarzer Pfeffer,
1 Prise Zucker,
50 g Mandelstifte.**

Nudeln in reichlich Salzwasser weichkochen, abgießen, kalt abschrecken und beiseite stellen.
Brokkoli gründlich putzen (tiefgekühlten auftauen lassen) und in ebenfalls reichlich Salzwasser garen. Abgießen, abtropfen lassen und in Röschen teilen. Die weichen Stengelteile in Scheiben schneiden.
Den Schinken in streichholzdünne Stifte schneiden. Alles gut miteinander mischen.
Crème fraîche mit Eigelb und Zitronensaft verrühren. Mit Salz, Pfeffer und Zucker abschmecken.
Unter den Salat ziehen.
Den Nudelsalat 30 Minuten stehen lassen, dann eventuell nachwürzen. Mit Mandelstiften bestreut servieren.
Der Salat schmeckt sehr gut als Beilage zu gegrilltem Fleisch oder Fisch.

Thunfisch-Nudel-Salat

Nudel-Chicorée-Salat

4 Portionen à ca.
2175 kJ (520 kcal)

200 g grüne Schleifchennudeln,
Salzwasser,
1 Schuß Öl,
1 Pckg. TK-Erbsen (300 g),
400 g Chicorée,
2 rote Äpfel,
Zitronensaft,
125 g Edamer Käse,
2 Gewürzgurken,
2 Eßl. Mayonnaise,
4 Eßl. Crème fraîche,
2 Eßl. süße Sahne,
1 Teel. Tomatenpüree,
Salz,
schwarzer Pfeffer aus der Mühle,
1 Prise Zucker.

Nudeln in reichlich sprudelnd kochendem Salzwasser, dem ein Schuß Öl zugefügt wurde, in 12 bis 14 Minuten garen. Dann abgießen, abtropfen lassen und lauwarm abspülen. In dem Sieb abkühlen lassen.
Nebenher die Erbsen laut Packungsaufschrift in 5 Minuten garen, abgießen und ebenfalls abtropfen lassen.
Chicorée putzen, eventuell den Kern herausschneiden. Chicorée in Scheiben schneiden.
Äpfel waschen, achteln, entkernen, in etwa 3 mm dicke Scheiben schneiden und sofort mit Zitronensaft beträufeln, damit sie sich nicht verfärben.
Käse und Gurken fein würfeln.
Mayonnaise mit Crème fraîche, Sahne und Tomatenpüree mischen und mit Salz, Pfeffer und Zucker abschmecken. Alles gut miteinander vermengen und den Salat 15 Minuten durchziehen lassen. Dann eventuell nachwürzen.
Zu diesem deftigen Salat schmeckt ein kühles Bier.

Italienischer Spaghettisalat

4 Portionen à ca.
3345 kJ (800 kcal)

350 g kurze Spaghetti,
Salzwasser,
200 g gekochte Putenbrust,
75 g Parmaschinken,
6 hartgekochte Eier,
1 rote Paprikaschote,
½ Salatgurke,
4 Eßl. Crème fraîche,
4 Eßl. beste Mayonnaise,
2 Eßl. Weißwein,
Salz, Cayennepfeffer,
2 Eßl. gehackter Kerbel.

Spaghetti in reichlich sprudelnd kochendem Salzwasser in 12 Minuten „al dente" (beißfest) kochen, auf einem Sieb abgießen, kalt abschrekken und gut abtropfen lassen.
Putenbrust in mundgerechte Würfel, Parmaschinken in feine Streifen schneiden.
Die Eier schälen und nach Belieben achteln oder in Scheiben schneiden.
Paprikaschote putzen, waschen und feinstreifig schneiden. Die Streifen eventuell halbieren.
Die Salatgurke schälen und in Scheiben hobeln, oder längs vierteln und dann würfeln. Alles in eine Schüssel geben und mit den Spaghetti vermischen.
Crème fraîche, Mayonnaise und Weißwein glattrühren und mit Salz und Cayennepfeffer abschmecken. Die Soße locker unter den Salat ziehen und mit Kerbel bestreut servieren.
Dazu frisches Weißbrot und einen kräftigen weißen Landwein reichen.

Bunter Nudelsalat

4 Portionen à ca. 3305 kJ (790 kcal)

250 g Bandnudeln, Salzwasser, 150 g Schweinebraten- oder Kalbsbratenreste, 150 g gekochter Schinken, ½ Salatgurke, 2 Gewürzgurken, 4 schnittfeste Tomaten, 1 Bund Radieschen, 1–2 Frühlingszwiebeln (ersatzweise 1 großes Bund Schnittlauch), 2 Eigelb, ½ Teel. Senf, 2 Eßl. Zitronensaft, Salz, ⅛ l Speiseöl, schwarzer Pfeffer aus der Mühle, 2 Eßl. gehackte Petersilie.

Bandnudeln brechen und in reichlich sprudelnd kochendem Salzwasser in 12 Minuten beißfest kochen. Dann abgießen, kalt abschrekken und gründlich abtropfen lassen.
Nebenher den Braten und den Schinken in etwa 1 cm breite, 3 cm lange Streifen schneiden.
Die gewaschene Salatgurke und die Gewürzgurken in Scheiben schneiden.
Tomaten achteln, dabei von den grünen Stengelansätzen befreien.
Radieschen waschen, putzen und vierteln.
Die geputzten Frühlingszwiebeln in dünne Ringe schneiden (den Schnittlauch in Röllchen). Alles in eine große Schüssel geben.
Eigelb mit Senf, Zitronensaft und einer kräftigen Prise Salz verrühren, dann nach und nach das Öl einlaufen lassen, so daß eine mayonnaiseartige Soße entsteht. Unter den Salat mischen und diesen etwa 20 Minuten ziehen lassen. Dann mit Salz und Pfeffer nachwürzen. Mit Petersilie bestreut servieren.
Zu dem Salat würziges Vollkornknäcke und Butter reichen.

Meerrettich-Nudel-Salat

4 Portionen à ca. 3870 kJ (925 kcal)

250 g Makkaroni, Salzwasser, 5 hartgekochte Eier, 250 g frische Champignons, 150 g Lachsschinken, 100 g gekochter Schinken ohne Fettrand, 1 Becher Crème fraîche (200 g), ¼ l süße Sahne, 2–3 Eßl. Meerrettich aus dem Glas, Zitronensaft, Salz, 1 Prise Zucker, einige Zweige glatte Petersilie.

Makkaroni brechen und in reichlich sprudelnd kochendem Salzwasser in 12 Minuten „al dente" (beißfest) kochen. Dann abgießen, kalt abschrekken und gründlich abtropfen lassen. Während die Makkaroni kochen, die Eier schälen, vier von ihnen nicht zu fein hacken.
Den Lachsschinken in feine Streifen und den gekochten Schinken in Würfel schneiden.
Crème fraîche schaumig schlagen. Die süße Sahne steifschlagen, mit Crème fraîche, Meerrettich nach Geschmack und etwas Zitronensaft verrühren. Mit Salz und Zucker abschmecken.
Alle Zutaten gründlich mischen. Den Salat 15 Minuten stehen lassen, dann eventuell mit Salz und Meerrettich nachwürzen. Mit dem restlichen, in Achtel geschnittenen Ei und Petersilieblättchen garnieren.
Dazu frisches Weißbrot reichen.

Alles über Nudeln

Nudeln sind Teigwaren, und diese werden entweder aus Mehl oder aus ganz fein gemahlenem Grieß hergestellt.
Die Hausfrau in Europa bevorzugt für selbstgemachte Nudeln Weizenmehl, verwendet gelegentlich aber auch Roggenmehl. Die Industrie hingegen verarbeitet in erster Linie Weizengrieß aus dem besonders hartkörnigen Durum-Weizen, weil der Teig aus diesem Weizen besonders elastisch und damit gut formbar ist.
Industrie-Nudeln sind sehr trocken und können bis zu 6 Monate aufgehoben werden, ohne ihren Geschmack zu verlieren. Hausgemachte Nudeln werden in der Regel sofort verbraucht, aber selbst wenn man sie auf Vorrat zubereitet, sollten sie innerhalb von vier bis sechs Wochen verzehrt werden, da sie meist einen höheren Anteil von Frischei haben als industriell hergestellte Nudeln und mit der Zeit ihren feinen Geschmack verlieren können.
Seit es bei uns in Mode gekommen ist, Gerichte aus fremden Ländern zu kochen, gibt es in guten Feinkostgeschäften und in Orientläden auch asiatische Nudeln zu kaufen. Zum Beispiel Glasnudeln, deren Grundstoff Sojabohnen- oder Mungobohnenmehl ist. Reisnudeln werden – wie schon der Name sagt – aus Reismehl bereitet, chinesische Eiernudeln hingegen haben als Grundlage auch ein Weizenmehl.
Bei all diesen Nudelsorten empfiehlt es sich, die Zubereitungsanweisungen auf den Packungen genau zu beachten.
Ganz ohne Zweifel sind die ursprünglich aus Italien stammenden Makkaroni und Spaghetti die bekanntesten industriell gefertigten Nudeln. Daneben gibt es noch Dutzende von anderen Sorten. Solche, die sich gut als Suppeneinlage eignen, solche, die für Aufläufe in Frage kommen, und solche, die eine leckere Beilage sind.

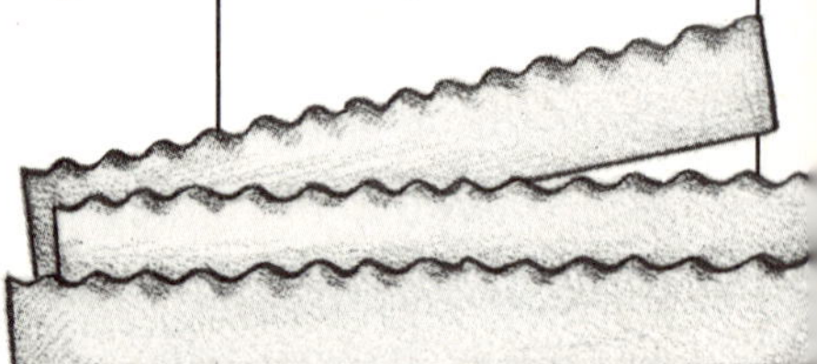

Lasagne riccie un lato (schmale Lasagneblätter mit einseitig gewelltem Rand) für Aufläufe oder als Beilage.

Chinesische Eiernudeln gehören in viele chinesische und Indonesische Gerichte.

Ruote (Wagenräder) sind typische italienische Beilagen-Nudeln.

Farfalle (Schmetterlinge, bei uns auch Schleifchen genannt) werden sowohl als Beilage wie auch für Salate verwendet.

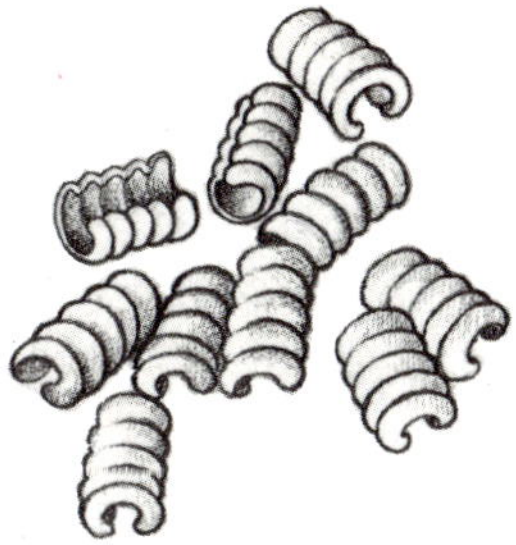

Gnocchi sardi (Sardische Klößchen) passen zu fast allen Soßengerichten.

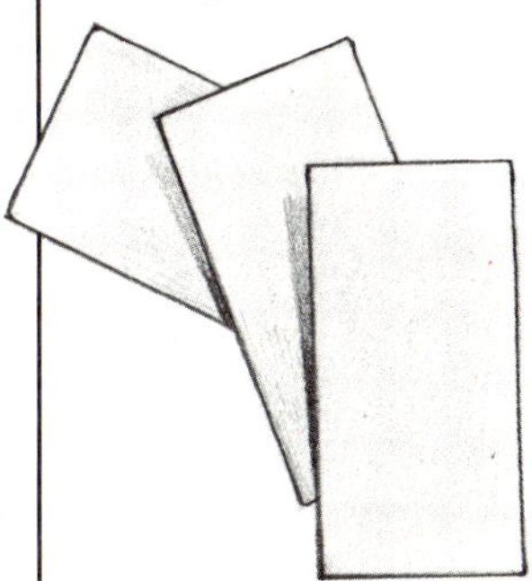

Lasagneblätter braucht man vor allem für Aufläufe mit Soße und Ragout.

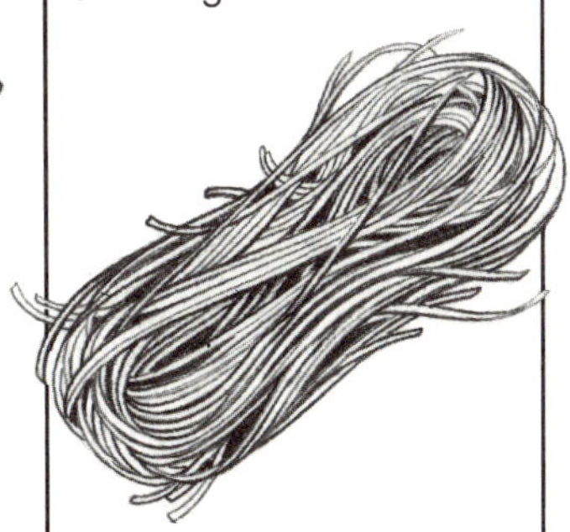

Taglierini sind schmale Bundnudeln, die gut in Suppen passen.

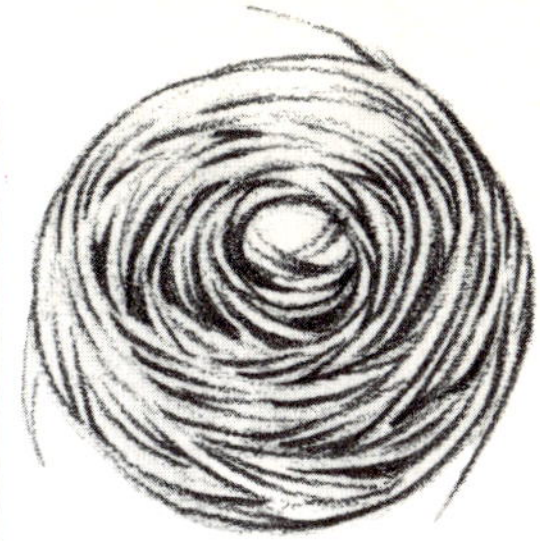

Capelli d'angeli (Engelshaar) werden vorwiegend als Suppeneinlage gekocht.

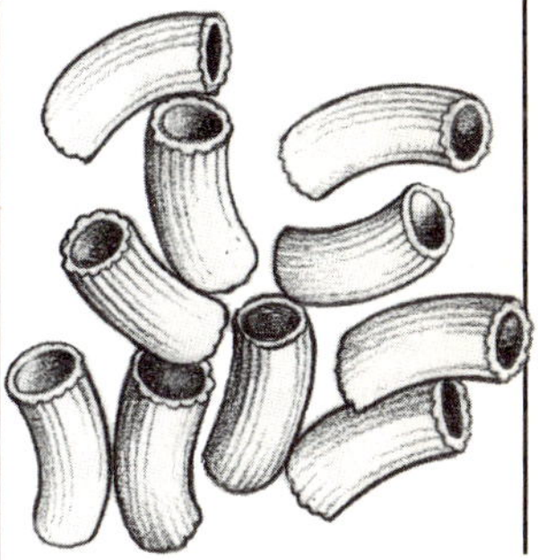

Rigatoni oder Röhrennudeln werden meist als Beilage gereicht.

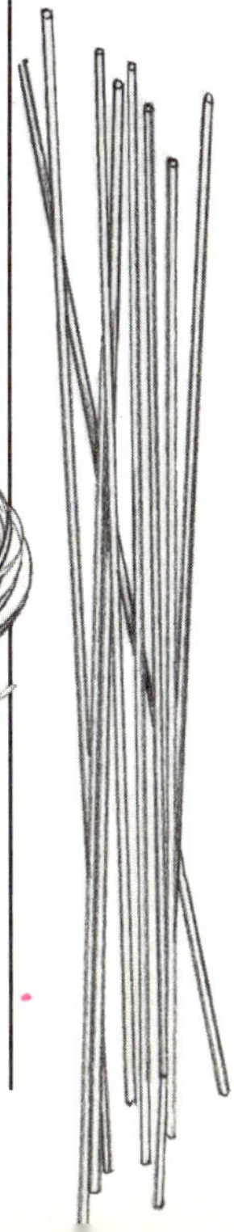

Spaghetti sind wohl die vielseitigsten aller Teigwaren. Sie werden als eigenständiges Gericht z. B. mit Soße oder Ragout wie auch als Beilage verwendet.

Alles über Nudeln

Hörnchennudeln eignen sich für Salate und als Suppeneinlage.

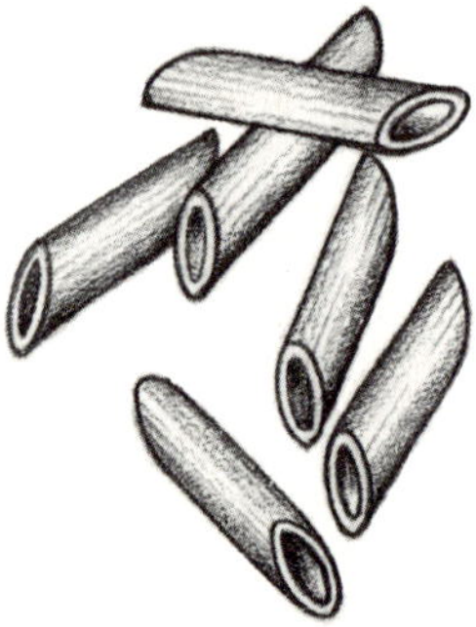

Penne oder Federnudeln werden als Suppeneinlage, Beilage, für Aufläufe und Salate verwendet.

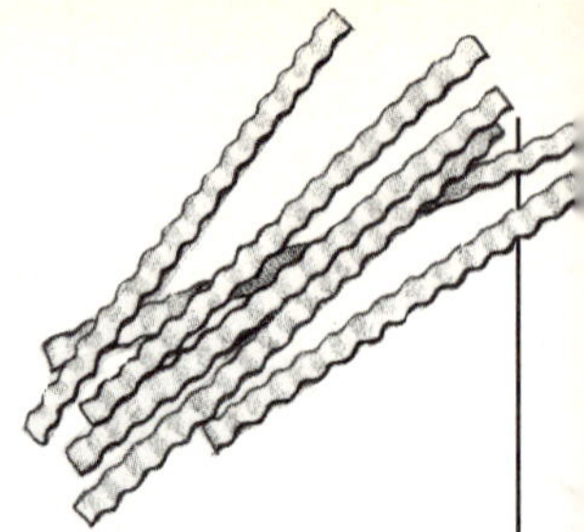

Trenette (Bandnudeln mit gewelltem Rand) serviert man wie Spaghetti mit Ragout oder Soßen.

Tagliatelle oder Bandnudeln (die breiten werden **Fettuccine** genannt) schmecken mit Soßen und Ragouts.

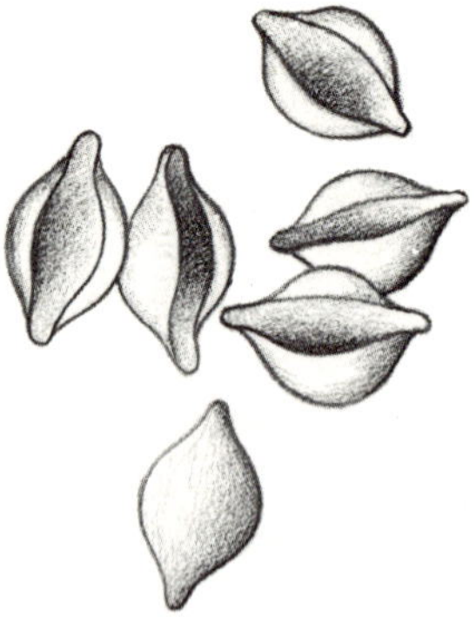

Conchiglie (Muschelnudeln) schmecken in Suppen oder Salaten.

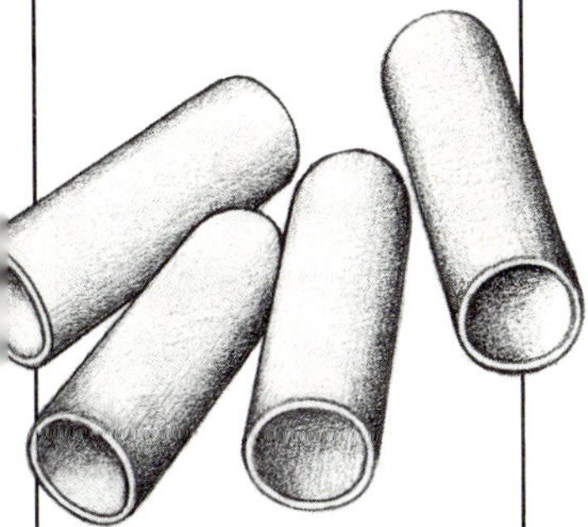

Cannelloni (große Röhrennudeln) werden mit Farcen gefüllt und meist überbacken.

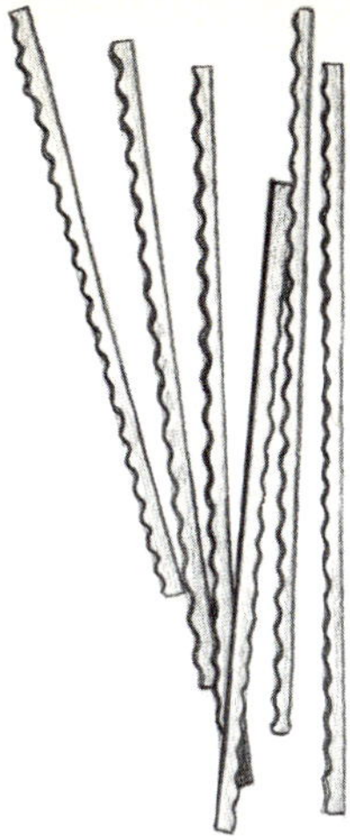

Schmale Trenette werden verwendet wie „normale" Trenette (s. links oben).

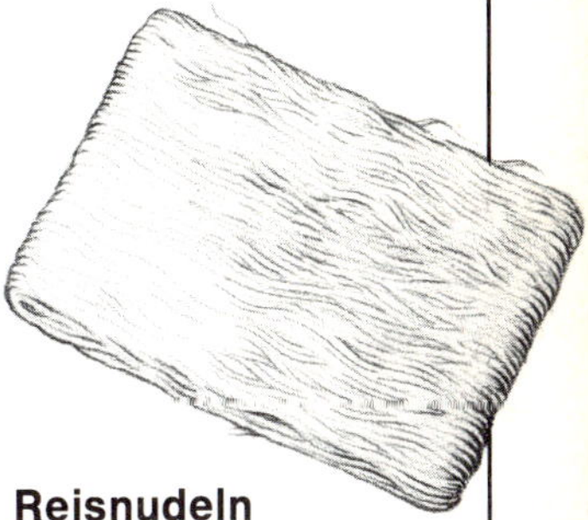

Reisnudeln gehören in fernöstliche Gerichte.

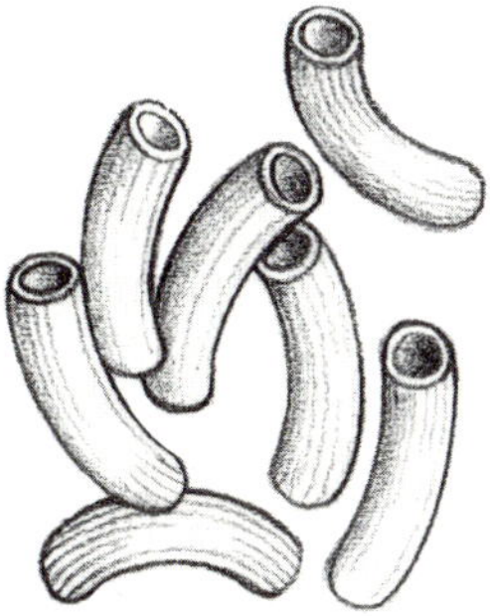

Mille righe (Tausend Rillen) gibt man in deftige Suppen und Eintöpfe.

Fusili (Spindeln) sind Beilage oder auch Einlage für Suppen.

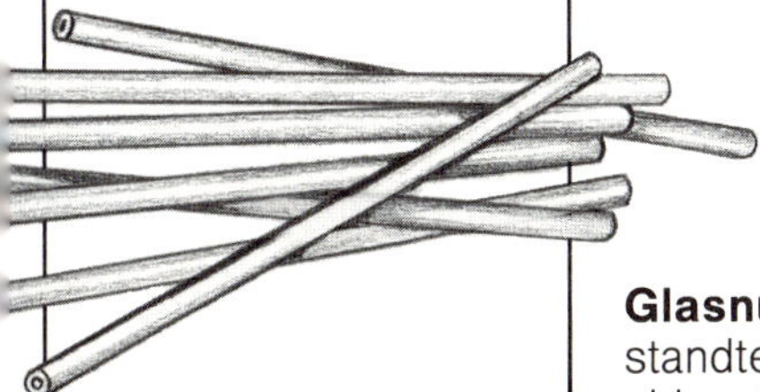

Ziti (dicke Makkaroni) werden mit Soße oder Ragout serviert.

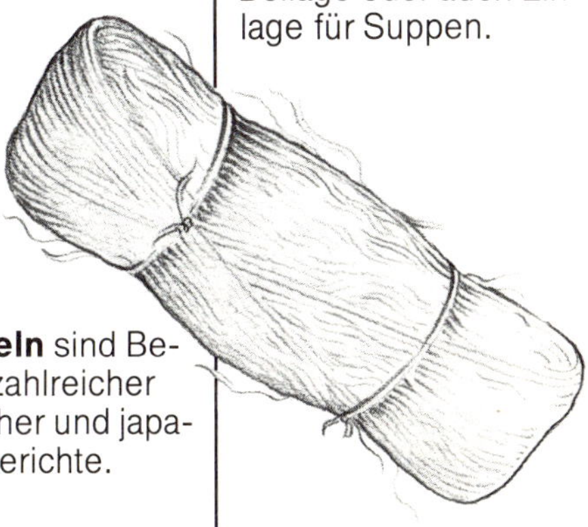

Glasnudeln sind Bestandteil zahlreicher chinesischer und japanischer Gerichte.

Alphabetisches Rezeptverzeichnis

Bildquellen
Bildstelle Orbis: Seiten 8/9, 37, 49 (unten), 53 (unten), 117
Eurokommunikation: Seite 17
Meine Familie & ich: Seiten 4/5, 44/45, 73 (unten), 81
Studio Teubner: Seite 133